酒店高参
HOTELN

酒店高参策划精选

在流量时代，如何创建自己的私域流量池，如何增强用户黏性，如何引流变现，是每一个现代企业要思考的重要问题。酒店销售的产品，无论是客房、餐饮，还是会议，或者是共享办公空间，都是体验性强的产品，吸引流量，创造话题，保持热度，增强收益能力，对于酒店成长而言格外重要。本书结合营销学理论与行业最佳实践，讲解酒店私域流量从规划到维护至更新迭代等重要专题。这本书为读者提供了一整套解决方案，从基础建设、线上门面打造、用户精细化管理、朋友圈运营、成交技巧、裂变技巧等方面详细展开，帮助读者掌握扩充私域流量的技能，提升酒店运营能力。

饭店职业经理人丛书

# 酒店私域流量手册

The Operation of Traffic Privatization in Hospitality Industry

井凉 / 著

旅游教育出版社

·北京·

**图书在版编目（CIP）数据**

酒店私域流量手册/井凉著. --北京：旅游教育出版社，2021.6
（饭店职业经理人丛书）
ISBN 978-7-5637-4264-6

Ⅰ.①酒… Ⅱ.①井… Ⅲ.①饭店－企业管理 Ⅳ.①F719.2

中国版本图书馆CIP数据核字（2021）第105977号

饭店职业经理人丛书

**酒店私域流量手册**

井凉　著

| | |
|---|---|
| 策　　划 | 赖春梅 |
| 责任编辑 | 贾东丽 |
| 出版单位 | 旅游教育出版社 |
| 地　　址 | 北京市朝阳区定福庄南里 1 号 |
| 邮　　编 | 100024 |
| 发行电话 | （010）65778403 65728372 65767462（传真） |
| 本社网址 | www.tepcb.com |
| E-mail | tepfx@163.com |
| 排版单位 | 北京卡古鸟艺术设计有限责任公司 |
| 印刷单位 | 天津雅泽印刷有限公司 |
| 经销单位 | 新华书店 |
| 开　　本 | 710 毫米 ×1000 毫米 1/16 |
| 印　　张 | 9.75 |
| 字　　数 | 117 千字 |
| 版　　次 | 2021 年 6 月第 1 版 |
| 印　　次 | 2021 年 6 月第 1 次印刷 |
| 定　　价 | 72.00 元 |

（图书如有装订差错请与发行部联系）

PREFACE

# 序言一

私域运营本质上是教你一套做生意的底层逻辑，是解决用户从哪里来、如何留住用户、如何提升复购的完整方法论。

可能你会觉得跟会员运营没什么本质差别，两者都是基于用户的运营。但传统意义上的会员运营大多数是基于办理实体卡，或者是关注公众号注册成为消费会员，这是目前绝大多数酒店和民宿的做法。

其实现在商家与用户的互动场景已经发生了巨大变化，除了公众号之外，延伸出微信个人号、微信企业号、微信视频号、微信群、朋友圈、小程序等新场景。把用户交给商家运营，平台不抽佣金或者抽极低佣金，所以从这个定义上来讲，抖音、快手、小红书也算是属于私域运营范畴；而公域平台不同，往往是平台控制流量分发，商家需要用高额佣金采购流量。

私域与公域的用户池已不是平分天下，而是私域总流量池已经远远超过公域属性的交易平台（携程、美团、飞猪、同程）。与内容化、视频化、社交化的平台相比，交易类平台，用户规模更大、使用更高频。所以你会看到两种现象：以微信与抖音为代表的平台逐步在完成交易闭环，而携程、美团、飞猪等平台正在想尽办法增加内容属性。

对于酒店和民宿商家来说，公域和私域的运营门槛在提升，而现有的大多数商家只是基于过去的个人经验在摸索，过程漫长且低效，实际上极大浪费用户资源，直接影响到门店的经营业绩。

酒店和民宿需要一套完整的、可落地的私域运营执行手册，节约自己摸索的时间，能够直接参照手册立马上手，在执行的过程中，再结合自身门店和人员的情况进行持续的迭代优化。

酒店邦在过去的 3 年的时间里，深刻经历私域流量运营从 0 到 1 的转变过程，在微信公众号、微信个人号、视频号、抖音号中亲身实践，并且对 20 多万酒店与民宿从业者的资源进行深度运营。

井凉老师从两年前开始探索酒店与民宿如何运营私域流量，他通过自己的微信个人号、视频号、抖音号多矩阵地积累了近 5 万人的从业者资源；两年多时间内他与 3000 多名酒店和民宿学员共同实践、探索，帮助众多品牌搭建私域流量运营体系，实现从 0 到 1 的突破。

本书是在实践过程中诞生的酒店私域运营手册，相信可以帮助到大多数酒店与民宿。

陈熙慧

酒店邦创始人

PREFACE

# 序言二

随着 2020 年我国国内新冠肺炎疫情得到逐步控制，积压的旅游需求正在逐步增长。酒店行业经过这十多年的发展，从需求大于供给，变成了供给大于需求，从而导致行业内竞争非常激烈。想要在同质化的产品中脱颖而出，酒店除了要具有较好的自身硬件、环境之外，周到且放心的服务也成为重要的因素，会员即服务。

近两年十分流行的私域流量运营也开始吸引众多酒店从业者的注意，其中就包括锦江酒店、亚朵酒店、开元集团、广州白天鹅宾馆等知名连锁酒店和高星级酒店，据我所知，他们都非常重视私域运营并进行了实际执行。

我一直在微伴助手从事私域运营相关的开发和研究工作，微伴助手是一家做企业微信私域流量管理的厂商，所以井凉找到我了。

从私域产品的设计角度来说，我了解内容在私域里面扮演的角色，清楚用户在微信生态里面的各个私域触点，懂得该如何在私域转化路径中有效服务用户，促进成交。我们公司本身就是私域流量的获利方。

其实我在市面上看到过不少关于私域流量的文章和课程，它们大多数是讲全行业的私域玩法，或者有些从教育、电商、零售等品牌商家入手分享一些方法论及实操经验，但关于酒店行业的私域流量运营，我还是第一次在井凉这里看到如此成体系的内容。井凉把酒店的关键增长指标简化为3项：流量、裂变和复购，围绕这3项引出了一系列的操作方法和运营逻辑，为酒店从业者和经营者们提供了有利的竞争武器。

相信井凉写的这本酒店行业私域流量运营书籍，一定会帮你在酒店这个细分市场发现成功的捷径。

杨慧杰

微伴助手联合创始人

PREFACE

# 序言三

我在 2014 年创立了直订网，一直致力于对打造酒店私域流量的 Saas 工具的开发与运营，通过近些年对于行业的观察不难发现，酒店业获客渠道重心，从公域流量为主，转变到需要公域和私域双管齐下。

因为酒店之前对私域流量运营缺乏系统的方法，再加上企业的内卷严重，使私域的运营难上加难。

事情都是双面的，虽然疫情冲击了服务业，但也洗掉了一批缺乏竞争力的住宿、旅游产品。同时，也让更多酒店、民宿意识到，门店拥有自己的流量池的重要性，且普遍被推到了一个不得不做私域流量的阶段。

国内一些先进的酒店集团，很早就建立起了自己的会员体系，比如亚朵已经有 2500 万个优质会员。而华住拥有 1.6 亿个会员，这意味着每 10 个中国人中，就有 1 个是他的会员。本质上，这些大型连锁集团的会员经营，就是私域运营。他们对经营的理念是非常值得我们学习借鉴的。

看过井凉的这本书，我是深有同感。第一次有人能这么系统地将私域流量在酒店行业中的具体理论和应用讲得如此系统、生动，且这套方法又适合很多类型的酒店。我想，不光是对于酒店行业的从业人员，对于所有跟酒店业相关的上下游产业的从业者、参与者来说，这都是一本必修的教科书。相信通过这本书的出版发行，会给整个产业链带来新的生机和希望。

路漫漫其修远兮，吾将上下而求索。愿所有酒店业同仁一起，为整个行业更美好的未来，努力、奋斗！

刘毅

直订网创始人兼 CEO

PREFACE

# 序言四

时至今日，互联网正快速发展，中国网民规模达 9.89 亿，掌握私域流量成为所有酒旅企业的共识。

我个人最直观的感受就是：在私域渠道中做客户的朋友，时刻满足客户思维是王道。虽说营销的本质就是生意，是一场市场供需的博弈，但在基于强社交关系的微信平台而言，酒旅企业的数字化营销玩法比传统营销手段多了一种新的互动，一份新的洞察，一个新的机遇。

比如微信商城的经营用 SCRM 大用户数据分析画像方式更直接，触达更精准。再比如，新媒体传播以反向进化的方式，深度诱惑和迎合消费者，类似海报营销比文字营销好用，小红书笔记比公众号图文好读，等等。变化万千，不离其宗。但也正是这多样的数字化营销渠道玩法，让私域流量变得尤为珍贵。

后疫情时代的新常态，加速了我们酒旅行业对数字化营销渠道新玩法的迫切需求。当我们从各式各样的流量池中获取普通流量时，用户黏性并不高，利润转化率也不高；而一旦我们通过数字化营销新玩法把用户从流量池导入自己的私域流量，那就是“我的地盘我做主”了，我们可以运营和触达自家的忠实粉丝，降本增效，提升收益，这对酒旅企业的启发属重中之重。

创始人的认知边界，就是一家公司的发展边界。作为一把手，我从2020年起，将公司的所有资源都投入在加速搭建以微信为主，以小红书、抖音为辅的技术直连打通以及商城运维提升上，以期为酒旅企业打造良性的、可持续增长的数字化营销直销渠道，以一获多。

井凉写的这本酒店行业私域流量运营，与我的很多思考不谋而合。这本书通过调研数千酒店人的私域流量运营实况，萃取贴近酒店行业的实操运营经验，分章梳理运营私域流量的必备技巧，相信作为酒旅人，一定可以在这本书中找到私域流量运营的“冲突”、“逻辑”和“答案”，明白更多私域流量的搭建逻辑，共同为酒旅行业的变革时代持续赋能。

林迅

向蜜鸟科技 CEO

PREFACE

# 自序

写给读者:

这几年我前前后后大概接触过 3000 个店长，深入研究酒店 + 互联网的运营思维，有从 0 到 10 万微信用户运营管理经验，擅长打造爆款产品、活动设计、微信运营方法，通过个人号裂变实现从 0 到 5000 人，帮助酒店快速积累私域流量。

截至目前我已经培训了 5000 多名酒店学员，通过提升私域流量帮助酒店节约了上万元的获客成本，并大大提高了用户复购率。私域流量其实并不是才出现的一种模式，在几年前就已经有了，只是那时候大多数酒店人没有关注，注意力都放在 OTA（在线旅游）和线下客户的拓展上。而在其他行业已经出现大量通过私域流量活得很好的成功案例。

私域流量的本质 = 用户运营 + 口碑运营 + 品牌运营，并不是什么高大上的玩法。那酒店为什么要经营私域流量呢？有个朋友，经营了一家运营 4 年的酒店，每年客流量在 20 万人次左右，而这 20 万人次的流量从来没有进行过留存和运营。

这是对流量大大的浪费。未来的流量越来越贵，比如 OTA 的佣金为 10%~15%，这就是获客成本之一。如果我们只把这些客人当作一次性客人，简直就是慢性自杀。

复购是衡量一个酒店是否健康运营的很重要的指标之一，而大多数酒店没有统计这个数据，也可以说是并没有关注这个数字。

私域流量这本书，我会从 9 个模块来教你系统性地掌握打造私域流量的方法论，帮助你建立属于自家酒店的流量池。

第一模块，运营私域流量的缘由。经过这些年 OTA 的兴起和普及，大多数中小酒店依靠着 OTA 生存已经成为现状，来自 OTA 的订单已经占据了酒店相当大一部分的量，甚至高达 5 成以上。而酒店真正的护城河在哪里？你有没有想过一个问题：如果哪天 OTA 不给你流量了，你还能不能维持现状？只有一条腿的动物，很容易被两条腿的动物超越。

第二模块，酒店门面人设打造。微信个人号就像是酒店的线上实体店，门面的设计尤其重要。一个好的设计能在第一时间拉近酒店与客户的距离，减少沟通障碍，快速建立信任。

第三模块，用户引流沉淀技巧。流量是生意的基石，把流量沉淀在酒店自己可随时触达的微信个人号里至关重要，所以如何有效引流很关键。一味让客人加微信，一定会引起客人反感。我们必须先站在用户的角度，通过服务顺势加微信，实现双赢。

第四模块，用户精细化管理。经过一段时间的积累，酒店添加的客户会越来越多，你该如何管理客户？这是个人号运营比较关键的环节。答案是为你的客户建画像！建画像的价值非常大：让你一目了然地掌握客户信息，实现精准推送，减少不必要的打扰。

第五模块，用户画像制作方法。当我们对一个个用户进行精细化管理，就会逐步发现预订自家酒店的人群或者高复购的人群会有一些共同的特征，这些共同特征非常重要。因为我们无法把 80% 的精力给到所有用户，所以要把 80% 的精力给到 20% 有高复购能力的用户，而这 20% 的用户能够创造 80% 的价值。

第六模块，搭建成交环境——朋友圈运营。你想要在微信上获取订单，搭建朋友圈的成交环境是绝对不可缺少的一个环节。如果你的思维局限在发广告才能获取订单，那就是大错特错了。天天发广告，只会导致用户对你产生反感，最终删除你。

第七模块，提升成交效率——快闪群运营。朋友圈的成交是一个长期型的状态，并不是短时间内就可以爆发从而产生大量订单。而快闪群是一个短时间内能产生爆发性作用的销售渠道，运营得好可以迅速产生大量订单。快闪群的成交效率大于朋友圈的成交效率。

第八模块，用户裂变技巧。裂变是一种低成本、高精准的获客方式。玩法是传播个体通过在社交中发布一个含有诱饵的内容，引发客户争相传播，从而达到一个用户带动身边 N 个用户的效果，获客呈指数级增长。

第九模块，制作高转化海报。一张优质的海报，往往能提高曝光率，提高转化率，提高参与度。但是在我接触的酒店好友中，很少看到这类优质的海报，大多数人都没有站在用户角度去设计制作海报。

通过以上 9 个模块，从 0 开始，手把手教会你。书里面记录了很多实战案例以及我亲自踩过的坑（可以说是损失惨重），希望可以帮到你，避免踏入这些不必要的坑。

井凉

CONTENTS

# 目录

第六章

★063★

## 搭建成交环境——朋友圈运营



第七章

★077★

## 提升成交效率——快闪群运营



第八章

★091★

## 用户裂变技巧

# 第一章

# 1

# 酒店私域流量时代

一

# 酒店面临的两大困境

近年来酒店行业快速扩张，数量的增加让客源加速了分流，竞争可以说是白热化了，相当激烈。流量的红利消失，逐渐进入了存量时代，为什么这么说？可以从以下两个最重要的方面展开。

## 1. 获客成本越来越高

什么是获客成本？指的是获得一个新用户所需要付出的成本，成本主要由营销费用、人工费用等组成。根据 2018 年的数据统计，阿里巴巴的获客成本是 312 元 / 人，而京东高达 1503 元 / 人。

十几年前的酒店业是需求大于供给，你开一家店，只要地段还过得去，生意就很好做。现在有了 OTA（如携程、美团、飞猪等），客户已经养成了线上预订的习惯，会通过 OTA 去了解酒店，经过对比再选择最终住哪家酒店，现在还有哪家酒店没有上 OTA 的？不上 OTA 是不可能的。

那么问题就来了，因为 OTA 的兴起，你必须把酒店放在平台上去销售，那么平台就要向你收佣金，简单来说就是你要花钱买新客的流量。前段时间我拜访了一家杭州的酒店，平均房价在每间房 400 多元，体量是 80 间，出租率常年在 80% 左右，携程订单占比达到了 60% 左右，佣金是 15%，也就是说每个月要付给携程至少 5 万的佣金。这个佣金就是这家酒店的获客成本之一。

除了佣金，在 OTA 上的广告投放也是获客成本之一。之前有不少酒店同行朋友问我这样一个问题："我家充了金字塔了，充了推广通了，可还是没有订单，这该怎么办？"你要知道，你充钱做 OTA 广告，平台是给你一个不错的排名，从而带来流量，而这些流量会不会转化成订单，是跟你的酒店详情页等影响转化的因素有关的。

而且，在杭州至少有 1 万多家酒店，像推广通是竞价排名的，按点击次数收费，你充钱，难道其他酒店不会去做吗？如果你所在的商圈竞争激烈，这类竞价排名的推广工具烧钱就更厉害了。

### 2. 大 V 广告费用付不起

大 V 指的是那些通过公众号写文章、微博、抖音等做起来的群体，他们有大量的粉丝。如果你让他们帮你做个广告，费用是很贵的，一般中小酒店是花不起这个钱的。大 V 的收费方式是，我帮你宣传了，不管有没有给你带来订单，你都要给我钱，是先付钱再宣传。

而且，据我跟一些做自媒体的朋友了解，大 V 这个行业水很深，也就是假流量很普遍。如果你有 10 万元的广告预算，千万不要去投大 V 的广告，要谨慎选择。

## 二

## 从流量思维转变成用户池思维

面临这些困境，我们该怎么办？就需要我们从流量思维转变成用户池思维，具体表现在以下方面。

## 1. 从“更多的用户”到“用户的更多需求”

我们来对比这两个思维：

思维一：1 个产品卖给 10 个用户。

思维二：1 个用户来买 10 次产品。

你觉得哪一种思维会使酒店更加健康？答案是后者。也就是把想获取更多的新用户变成满足用户的更多需求，想一想用户要什么，我能提供什么。

## 2. 把用户当人看，而不是仅把他们当作流量

很多酒店往往犯一个很严重的错误，就是当客户退房后，就断掉了跟客户的联系。又或者有意图地拜访一下，要个好评，之后也就没有联系了。然而，事实是从客户退房后的那一刻起，才是你跟客户真正的开始。为什么这么说？因为这个客户已经完完整整体验了你的产品，他是可以给你带来新用户和复购的。

## 3. 用户精细化管理

客人是从哪个城市来的？从哪个渠道预订的？是大客户还是小客户？有什么偏好？有什么忌讳？等等。这些都是用户的特征，了解这些特征后从而延伸到个性化内容精准推送，再到精细化 1 对 1 运营，而不是群发（用户精细化管理在第 4 章会有详细讲解）。

## 4. 关注转化率、复购率，追求 LTV（用户生命周期）

转化率不用我过多强调，大多数酒店同行都很关注，特别是如果你的酒店在 OTA 上的订单占比很大，你应该每天都会去看这个数据。而复

购率却往往被忽视，我在这几个多月接触了 500 多家酒店，居然有 90% 的酒店同行不清楚自己家酒店的复购率有多少。

**复购率的计算方法：**

当日复购占比 = 当日老用户入住间夜数 / 当日总入住间夜数

每月复购占比 = 每月老用户入住间夜数 / 每月总入住间夜数

这个公式的核心是要进行数据记录，因为大多数 PMS 系统里不会直接显示复购的数据。比如今天一共卖出去 50 个间夜，其中 10 间是老用户复购的，复购指的是用户第 2 次或者第 2 次以上入住的。10 除以 50，最终得出 20%，这 20% 就是复购率。

用户生命周期可以理解为：用户从开始接触产品到离开产品的整个过程。生命周期分为：导入期、成长期、成熟期、休眠期、流失期，共 5 个阶段（见用户生命周期图示）。

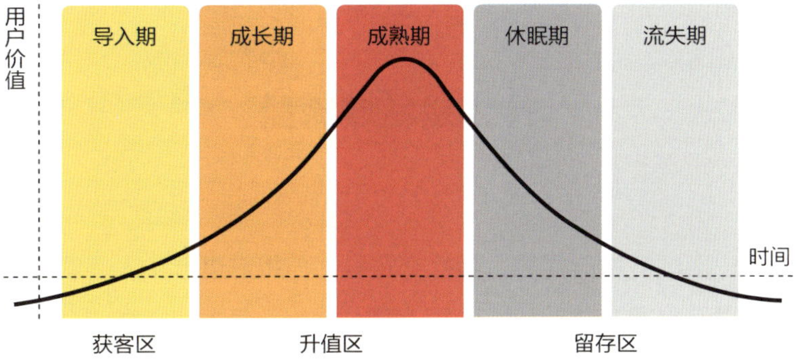


用户生命周期图

导入期可以理解为将市场流量中的潜在用户转化为自家产品的用户，这个阶段我们称之为获客阶段；当用户进入产品之后，我们需要想办法让用户活跃起来，进入成长期以及成熟期，成长期和成熟期的用户属于产品最为核心的用户，是最具挖掘价值的忠实用户。所以，这两个时期我们称之为升值阶段；用户从成熟期开始，会出现休眠、流失状态，我们称之为留存阶段。

为便于理解，再做如下解释：

**获客区：**对应着导入期，对应的用户行为是由流量成为用户，运营的核心工作是拉新获客。

**升值区：**对应着成长期和成熟期，对应的用户行为是在产品中活跃、为产品贡献、持续留在产品内，运营的核心工作是促使用户活跃、转化 / 付费、制造留存。

**流失区：**对应着休眠期和流失期，对应的用户行为是离开产品、停止使用，如果有的话，运营的核心工作是对沉没流失用户进行再激活，促进他的裂变。

## 三 什么是私域流量

将用户通过各种形式导入到社交账号，与用户进行私人环境下的沟通并对他们进行管理，称为私域流量运营。社交账号主要指微信个人号。私域流量的特点是酒店或个人自主拥有的、可以自由控制的、免费的、多次利用的流量，私域流量通常的主要呈现形式是微信个人号和微信群。

如果你想维护与客户的关系，想获取好评联系客户，想了解客户最近在做什么，又或者客户想找你订房，这些是不是都可以在微信个人号里完成？

以前我们了解了一个客户的需求后要做什么？做客史档案，记录客户的兴趣爱好，这个事情我 5 年前也做过，当整理了 300 多个客户档案后发现想找他们的档案越来越难，需要花大量时间查找。而微信个人号是真的厉害，它可以直接打标签、改备注、加描述等，跟用户聊天的时候就可以马上记录，也可以马上知道他的信息。

我们给酒店私域流量做一个定义：沉淀所有上门的流量，直接通过微信个人号与用户沟通并完成交易闭环。所有上门的流量包含了 OTA、散客、协议客等。

## 四

## 私域流量和公域流量的区别

我们先来看一张图片（见下页图），这是参加酒店私域流量实验班的一个学员，通过学习和实践后，搭建的酒店私域流量也就是微信个人号，在 2019 年 11 月 1 日—11 月 20 日通过微信完成了 300 多个订单，营收累计近 12 万元，好友数量累计 8700 多个，最终整个 11 月一共完成 17 万元的营收。

更重要的是这 8700 多个用户是他可以精准触达互动的，成交的订单不用再付给 OTA 佣金。这也是为什么我们要选择微信个人号作为私域的载体，因为微信这个工具直接形成了交易闭环，也就是从咨询到付款都在同一个界面。

| 11月微信私域流量明细表 | | | | | | | |
|---|---|---|---|---|---|---|---|
| 日期 | 每日已售房屋（间） | 每日加粉数量（人） | 本月累计加粉数量（人） | 微信好友总数（人） | 每日微信端订单数量（个） | 每日微信端营收（元） | 本月微信端立即营收（元） |
| 11月1日 | 76 | 12 | 318 | 8780 | 25 | 9786.75 | 122 996.733 |
| 11月2日 | 84.5 | 36 | | | 35 | 14 420 | |
| 11月3日 | 72.5 | 26 | | | 18 | 7416 | |
| 11月4日 | 64 | 18 | | | 9 | 3501 | |
| 11月5日 | 64.5 | 21 | | | 7 | 2884 | |
| 11月6日 | 53.5 | 9 | | | 15 | 5563 | |
| 11月7日 | 75.5 | 15 | | | 23 | 9760 | |
| 11月8日 | 82.5 | 23 | | | 27 | 12 585 | |
| 11月9日 | 83.5 | 21 | | | 21 | 8937 | |
| 11月10日 | 51.5 | 9 | | | 6 | 2070 | |
| 11月11日 | 54 | 8 | | | 10 | 3865 | |
| 11月12日 | 43.5 | 12 | | | 6 | 2341 | |
| 11月13日 | 54.5 | 16 | | | 5 | 1861 | |
| 11月14日 | 54.5 | 12 | | | 12 | 4 466.4 | |
| 11月15日 | 84 | 29 | | | 28 | 11 536 | |
| 11月16日 | 80.5 | 12 | | | 24 | 10 734 | |
| 11月17日 | 53.5 | 8 | | | 12 | 4807.5 | |
| 11月18日 | 54.5 | 10 | | | 6 | 2083.5 | |
| 11月19日 | 45.5 | 9 | | | 13 | 2435.33 | |
| 11月20日 | 69 | 12 | | | 11 | 1944.25 | |

学员11月微信私域流量明细

私域流量有 5 个非常重要的属性：

**（1）社交属性：**处于“熟人”或“半熟”连接而成的环境中，主要依托微信分享传播，具有较强的社交属性，同时也带来了更强的用户黏性。

**（2）角色属性：**消费者不只是消费者，他还可能是销售者和传播者。如果客人体验好，他会拍照发朋友圈帮酒店做宣传和推荐。

**（3）服务属性：**提供用户问题咨询、经验分享等服务型内容，让用户产生依赖性，提高复购和转介绍频次。

**（4）圈层属性：**私域环境最容易形成圈层，聚集一批拥有相同价值观和消费特定习性的人，他们可能是商务人士，也可能是家庭主妇。这个会根据酒店的定位形成。

（5）IP 属性：基于知识、技能、人格魅力、产品的好体验，就能吸引一批“铁粉”，甚至能够帮助你分享和传播。

既然有私域流量，那对立面的就有公域流量。什么是公域流量？携程、美团、飞猪等这些 OTA 平台就是常见的公域流量，特点是这些流量的分配发放你是无法控制的，全部由平台的规则控制，哪天平台说要改规则了，你一点办法都没有。

而私域流量是可以精准一对一触达的，能重复使用，由你来控制。在酒店这个行业，私域流量目前主要以微信生态为主，有个人号、微信群、公众号、小程序，其中微信个人号是最重要的，也是成本最低的一个载体。所以公域和私域两者根本性的区别就是流量的控制权。除了控制权的根本区别外，另外还有 4 个特点上的区别：

（1）交易环境：私域流量是熟人和半熟的“热环境”，客人能看到你家酒店的现状、员工的生活状态等，跟你的关系会更加有黏性；公域流量是陌生人之间的“冷环境”，客人是通过评价和图片等展示来获取信息，无法了解更多有温度的信息。

（2）渠道：私域流量主要是微信个人号、微信群；公域流量是 OTA

平台、微博、网站等。

**（3）影响购买因素：**私域流量的购买因素是熟人推荐、产品口碑，客人住过酒店后觉得不错就会转介绍和复购；公域流量的购买因素是产品质量、价格高低还有广告投放。

**（4）消费决策：**私域流量是信任驱动消费，公域流量是价格、品牌、评价驱动消费。

前段时间有一个酒店的营销总监来咨询我，说他们酒店目前正在搭建微信公众号，我问他微信个人号有没有做。他说没有，精力目前都花在公众号上。于是我告诉他很现实的一组数据，公众号的点开率现在已经低到了只有 1.6%，而且每点开一次后的取关率是 1.9%。

而且公众号是需要靠很丰富的内容支撑的，一般中小酒店很难运营好。所以，如果你问我先做公众号还是个人号，我会告诉你一定是个人号，其次是公众号，而且它是一个辅助，不是主战场。

作为酒店人，我们想快速晋升以提升薪资待遇，就必须去学习一些必要的技能，比如服务设计、美团运营、携程运营、团队管理等，而这些技能都是在一个平面上的。

当你了解掌握后，会发现你每天真的很努力，很勤奋，很忙碌，但还是没有进步的表现，那是因为并不是你不努力，而是一直重复以前的工作。就像从家到酒店的那段路，你闭着眼睛都知道路该怎么走，完全不需要思考。用一句话形容叫作：低水平的重复。

那私域流量不仅是在酒店行业可以运用的一个技能，而且也可以在其他大多数行业使用（见私域流量适用行业图）。因为私域流量的本质是用户运营、口碑运营、品牌运营，我们做生意，不就是这些吗？所以底层逻辑是相通的。

为什么会这么肯定呢？因为我看过很多其他行业做私域流量的案例，

私域流量 技能

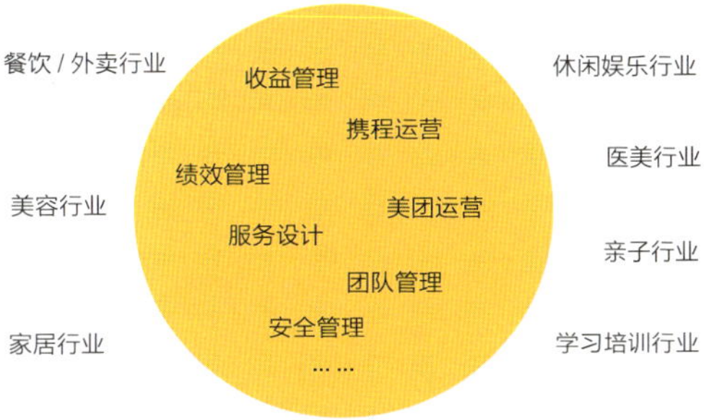


私域流量适用行业图

也去线下跟各行业人交流过，目的就是看看走出酒店的圈子，大家在做什么。走访一圈后发现，私域已经不是新的东西，只是酒店的圈子对外界的感知太少了。

生意的基石是流量。你再仔细想想看，做生意我们自身的壁垒高度不就是所拥有的流量池的大小吗？没有流量哪来的订单？私域里的流量是你自己拥有的，微信个人号是最佳的载体，所以微信个人号是酒店最重要的资产之一，因为里面全是用户。

另外，提醒大家一下，如果酒店要搭建微信个人号，建立流量池，要酒店出面去采购手机和电话卡，再交给员工使用。因为这样做，员工离职后，就不能把微信号带走。如果你用的是员工的私人号，让客户加在员工的微信里，这可是一笔很大的资产，员工离职后很有可能酒店就流失了一部分客户，而酒店也没办法把微信要过来，毕竟这是员工私人的微信。

五

# 流量模型的变迁

了解了流量的趋势也就了解了生意的趋势，现阶段衍生出了 4 种流量模型。

## 1. 1.0 版本：流量漏斗模型

这是个很常见的流量模型，虽然是 1.0 版本，但是这个模型目前是仍在使用的。从最上面的流量开始，一层一层往下漏。如果是在 OTA 层面上，也就是 OTA 上的流量，经过详情页的浏览，最后形成转化。客人体验后感觉不错，就产成了转介绍和复购，转介绍就是裂变的一种方式。

漏斗模型的关键在于流量和转化，有多少流量，最后转化了多少。指标在于获客成本及投入产出比。比如你用推广通，花费 2000 元得到了 10 个订单，每个订单 200 元，这个投入产出比就很低，花了 2000 元才带来 2000 元收入。

流量漏斗模型

1.0 流量漏斗模式优点在于它是可控性的，比如流量有了，但详情页的浏览人数不多，就要看看浏览的转化环节哪些出了问题；浏览的流量有了，转化下单人数不多，就要看看下单转化环节哪里可以优化。缺点是流量采购成本取决于市场，不是你说了算。

## 2. 2.0 版本：流量茶碗模型

茶碗型的特点在于从流量到浏览后，接着就不让你下单了，而是先让你裂变，也就是转介绍，你介绍成功了才能拿到货。熟不熟悉？这就是拼多多的模式，必须找人拼团才能买，这一招真的太厉害了，拼多多的销售渠道在哪里？

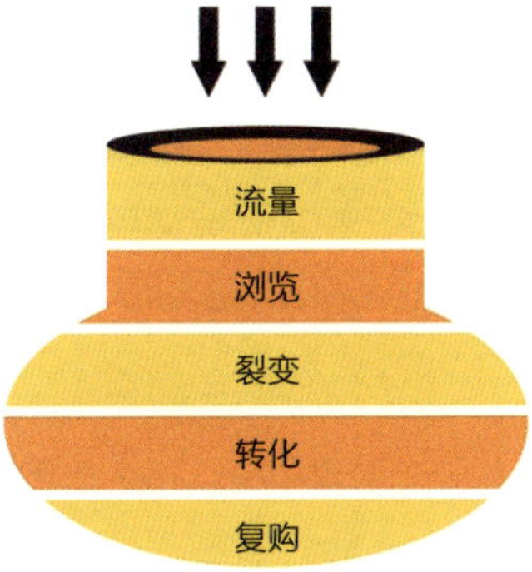

流量茶碗模型

就在微信里，为什么选择微信呢？因为 10 亿用户在用微信。这也是为什么，我们酒店行业做私域，要选择微信作为载体。

淘宝、京东的模式是人找货，用户需要什么，打开 APP 去搜索，比如需要一个包，打开淘宝去搜索查找。而拼多多则逆向思考：淘宝是人找货，那为什么货不能找人呢？于是就出现了这个拼团。我的大姨要买日用品，就会在亲戚群里发链接出来找人去拼单，那拼单成功后，拼多多在这里的获客成本是多少？是 0，简直不可思议。

## 3. 3.0 版本：流量大鱼池模型

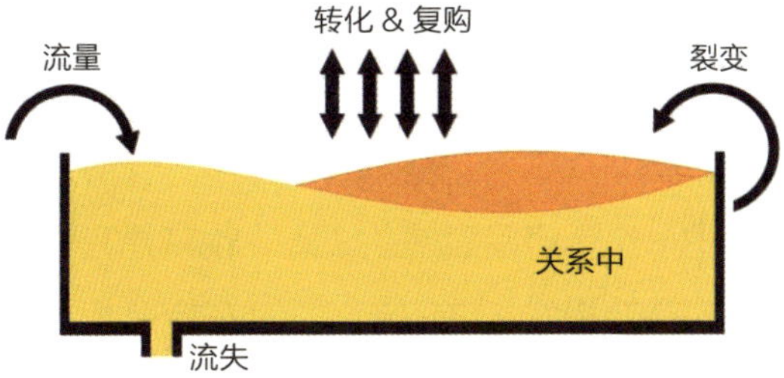

流量大鱼池模型

把微信个人号当作一个大鱼池，所有流量积累在微信个人号里，再通过裂变继续积累到个人号，所有的成交、转化和复购都在微信里完成。左下角有一个小口子，就是流失，因为在你运营大鱼池的过程中，有部分用户会把你删除。

把所有流量持续积累在微信个人号，长期经营用户从而产生转化和复购的模式称为大鱼池模型。

这个模型的关键在于关系和产品，如果跟用户之间的关系黏性做得够好，产品足够好，那么复购和转化是很高的。大鱼池模型的优点是付费流量依赖度低，客户的终身价值很高。

## 4. 4.0 版本：流量小鱼缸模型

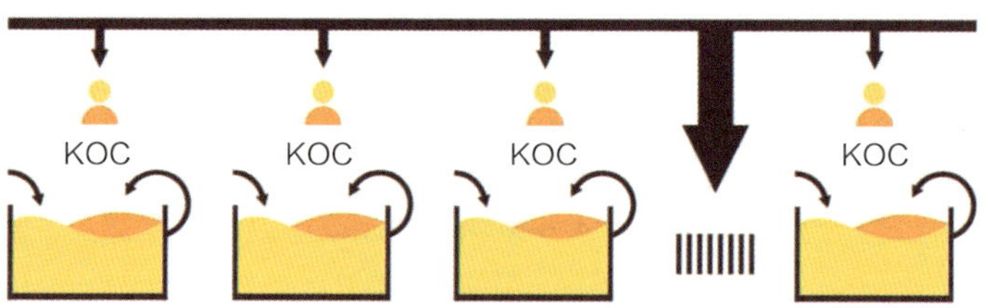


流量小鱼缸模型

小鱼缸模型是最恐怖的一种，先解释一下什么是 KOC。KOC 是你的朋友，KOC 是真实的消费者，对 KOC 的收费方式是卖出货后才能拿到钱，KOC 是私域的。

小鱼缸模型是把一个个产品赋能给个人，也就是我把产品给你，你帮我去卖，这其实就是微商模式。三四年前我对微商是很排斥的，每天看到他们发朋友圈，很讨厌。直到 2018 年，才发现这已经是一个很成熟的商业模式了。有一个公司叫云集，通过小鱼缸模式已经上市了，目前市值

16 亿美元。这个模型的关键在于工具、赋能、激励机制。为什么这么多人加入微商？原因有三：

**（1）提供工具：** 更加方便，卖出去后直接到账，系统自动发货，你只要负责卖就可以。

**（2）产品赋能：** 一个好的产品，微商是越卖越带劲的，他自己会卖得很开心，因为他们会认为这个产品是能帮助用户解决问题的。

**（3）激励机制：** 微商都会设置好几个拿货阶梯，这个阶梯的设置都是很有讲究的，最终会吸引你一步步往上升级，最后做总代理，也是因为只有总代理才能赚更多的钱。

说完了这 4 个流量模型，对照来看，我们酒店业目前处于哪个模型阶段呢？是 1.0 流量漏斗模型，并不是说 1.0 模型不能做，能带来订单的模型当然要做。那在 1.0 的基础上，我们还能做哪个模型？就是 3.0 养大鱼池模型，建立自己的私域流量，积累自己能随时精准触达的用户池。

私域和公域的流量路径具体走向是什么样的？如下图所示。公域流量分为线上公域流量和线下公域流量。线上公域流量通常以 OTA 为主，其次是短视频平台和内容平台。用户通过这些平台再流入私域里，也就是主要在微信个人号中。

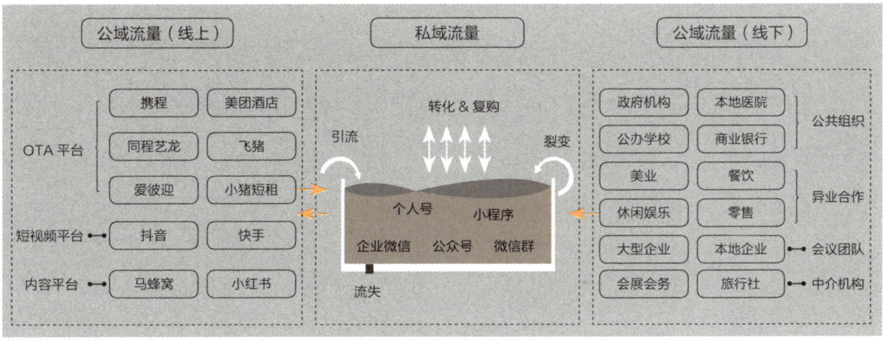


私域和公域流量路径具体走向

公域线下流量也是一样，把这些企业、公共组织单位的流量囤入微信个人号中，通常这些流量是很优质的，酒店同行反馈，这种线下的流量在销售人员私人号上的现象比较普遍，这个大家要进行留意，因为用户是酒店最重要的资产之一。

线上公域流量与私域流量是可以互相转化的，而线下公域流量到私域流量则是单方向的进入关系。跟大家重点解释一下这是为什么：

公域的线上流量提供了新用户，我们把新用户囤入私域里进行维护和成交，那当你私域的流量足够多了之后，比如哪一天你想在 OTA 上面冲销售量，来提升排名或者提升评价数量，是可以在私域里引导用户在 OTA 上下单的，从而形成了流量路径的相互转化。

所以我们做私域流量，并不是说公域流量放弃了不做了，而是在有了公域流量的同时，要为酒店未来考虑，建立自己酒店的护城河。

我之前跟一个做淘宝电商的朋友交流过，他在私域里囤了几十万个用户，有一次在淘宝网上架了一个新产品，在淘宝网的排名规则里，销售量影响排名的权重很高，如果你的销售量有 10 万以上，一般都会排在很靠前的位置。他通过私域，引导用户在淘宝上下单，一夜之间就甩开了他的竞争对手，销售量一下子变成 10 万以上，排名突然上去了。而他的竞争对手瞬间蒙了，不知道发生了什么事。

这就是线上公域流量和私域流量之间的流量路径关系。线下公域流量只能是单方面进入到私域，不存在从私域再导入线下公域的情形。

六

## 搭建私域流量最重要的第一步

养号是搭建私域流量的第一步，也是最重要的一步，如果你不养号就有可能被封号。一旦被封，好不容易积累的客户，因为号被封了，就瞬间一无所有了。这是我个人惨痛的教训，损失惨重，大家一定要谨记。以下是我总结的几个养号的方法：

（1）下载官方版微信，用 4G 网络，不要用 Wi-Fi；因为腾讯公司有一个黑盒子，如果你经常用同一个 IP 地址的网络下载微信，腾讯会判断你是营销号，就会把你关进黑盒子里，从你一出生就会降权，比如你发的朋友圈有些用户看不到。

（2）注册好微信号后，及时完善个人信息，绑定手机号和银行卡，不要频繁改动。

（3）不要长期在一个位置、一个网络状态下不移动。长期不移动是一个不属于正常真人的行为。每天发 1~3 条朋友圈，注意时间间隔，让老号给新号点赞评论。这点一定要做到，前段时间有一位私域流量实验班的同学，他有一个微信个人号，用了 1 年时间了，认为反正注册有 1 年时间了，不可能被封，结果，就在前几天账号被封了，最终原因就是 1 年来这个微信个人号一直在店里没有移动过，腾讯公司因此判定其不是正常真人在使用。

（4）让同事都加这个新号，也就是让老号加新号，后期万一账号被封，可以此来解封。

（5）在新号养号期间，聊天过程中一定不要涉及违法关键词或敏感词，如赌博、钱、支付宝等。

（6）使用微信支付消费（点外卖、买零食等），买 1~50 元的理财产品，收发红包，做一些真实用户会做的事情，增加在系统内的可信度。

（7）更换手机登录时，要先在原手机上退出账号，再在新手机上登录。

（8）不要频繁群发信息，否则容易被用户投诉。

（9）一个号的好友数量不要超过 3000 人，否则你发的朋友圈有一部分用户是看不到的。有些酒店同行之前跟我说他一个号有 5000 个好友，那其实不是太好，最理想的好友数量是 3000 个。另外新号要有 15 天的养号时间。

假设酒店每天有 50 个新用户入住，一个月就有 1500 个，3 个月就能加满 1 个微信号。1 年可以养 4 个微信号，共 2 万个客户。若有 3000 个客户复购 5 间 / 年，酒店平均房价 200 元 / 间，那么微信个人号 1 年的贡献价值即为：3000 人 ×5 间 / 年 ×200 元 / 间 =300 万元 / 年。

# 第二章

# 2

# 酒店线上门面打造

微信个人号是酒店的门面，是品牌形象的展示，也是获取用户信任的窗口。设想一下，订房、咨询、沟通、维护等这些环节都需要用到微信，这么多跟客户接触的环节，如果没有一个好的形象展示，是不是很影响酒店的形象？所以打造酒店微信个人号的人设尤其重要。

客户加你为好友后第一眼看到的是你的头像、昵称、个性签名以及相册背景。来看一个反面案例，是某酒店的一个微信个人号（见下图），当你看到头像、昵称等 4 个信息后，你对这家酒店或者这个人有什么特别印象吗？完全没有任何感知，无法从头像、昵称、个性签名和相册背景这 4 个要素去认识你，没有展示出很好的形象。

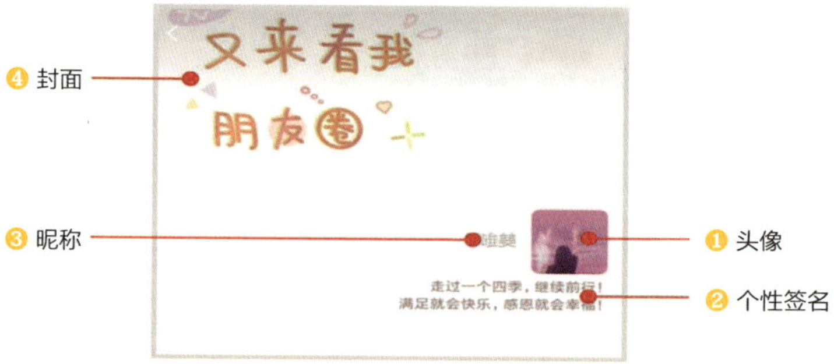


酒店微信个人号首页

优化后的酒店微信个人号

再来看看私域流量内训班一个学员优化后的设计（见左图），你可以对比一下，如果你是用户，是不是这位给你的感知更加专业，更加能体现出酒店的门面形象？接下来，我会告诉你对这 4 个重点如何进行一一击破，帮助你建立值得信任的微信个人号人设，从而增加客户对你的好感。

## 一

# 头像——设计第一印象

首先是头像，微信头像约等于一个真实形象。一个好的头像是成功社交的开始，你的头像是传递信任的基础工具，是展示你的形象窗口。你可别小看头像的力量，当对方跟你不熟的时候，通常都是通过看头像去判断的，而这时候一个很好的形象展示是很加分的。如果头像只是根据自己的爱好随便选一张，比如风景照、明星照、宠物照等，就会增加沟通成本。

再看一组照片，是酒店邦合作老师的微信头像（见下图）。头像最直观地影响着用户对你的第一印象，核心价值就是减少我们与别人的沟通障碍，能拉近彼此的距离。所以凡是跟酒店邦有合作的老师，酒店邦都会带着他们去拍摄一组专业形象照。

酒店邦合作老师的微信头像

酒店该用哪种头像呢？首先跟大家讲讲，哪些头像是不能用的。我看到过一些酒店人的头像，有风景的，有花花草草的，有卡通人物的，等等。如果你是客户，加了酒店微信后，第一眼看到这类头像，会对这个形象有特别好的好感度吗？

所以，既然你是打造酒店微信个人号的人设，就要以酒店的风格去打造。那些风景照、明星照、宝宝照、家庭照、产品照等都要收起来。有些人会说，那我是不是可以用酒店的 logo 做头像，这样可以直观展示酒店的品牌。其实不是的，用 logo 作为头像，给用户的感觉是冷冰冰的，不利于相互之间产生更大的黏性。

推荐适合酒店使用的两种头像照：

**第一种**，使用员工真人的照片，并且场景跟酒店相关。优点在于，是真人，容易让人产生信任。但也有缺点，就是员工一旦离职，就会发生需要换头像的风险。

**第二种**，用根据真人的照片画出来的卡通人物照。优点在于即使员工离职了也没有关系。比如酒店邦的各个同事，用的都是根据个人真实照画出来的卡通形象照。卡通照可以在淘宝里搜索手绘头像，选择你想要的风格，费用大概在几十块钱一个。

芳华 | 酒店邦班主任

南山 | 酒店邦服务顾问

那现在你已经知道了头像的重要性，也知道了要用人物头像。这里再教大家一个小技巧，如果你是要打造你个人的形象 IP，但自己的头像已经用了很多年了，换了怕别人找不到自己，你可以在你确定要更换之后，多选两张照片发到朋友圈供大家投票选择。

这能帮你决定用哪张照片，同时还会提高朋友圈的互动，等互动结束了就顺势把头像换了，等于官宣换头像，这招很好用。私域流量实验班的一位学员，用这个方法发了一个朋友圈，最后居然有 120 多个人评论，出乎他的意料，并且达到了官宣和互动的效果。

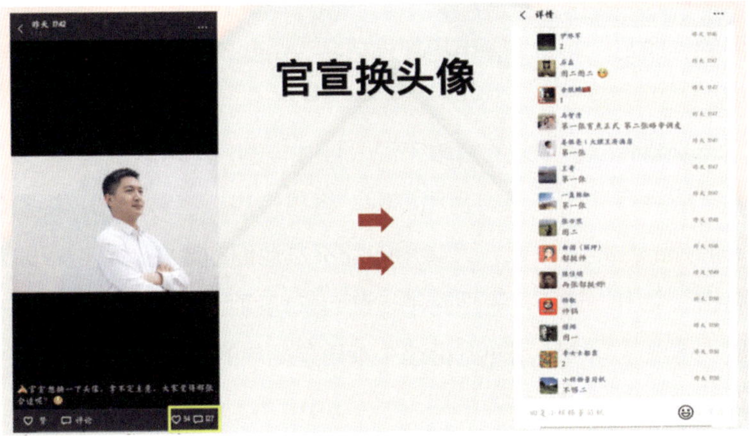


步骤一：发朋友圈　　　　步骤二：投票

## 二

## 昵称——打造免费广告

昵称跟头像一样重要，它是你行走的广告，客户第一时间加你会看到，与你聊天会看到，你发的朋友圈客户也会看到，如果你的昵称不能告诉你的客户你是谁，或者不能让你的客户迅速记住你，那昵称就失去了意义。比如酒店邦，是一个服务于酒店行业的教育机构，每个同事的微信号都会加上“酒店邦”3 个字，渐渐大家就都会知道，如果你想了解课程，就会去找带有酒店邦字眼的微信号。

还有大家想一想，很多明星和大咖是不是都有自己的艺名呢？比如舒淇，是艺名，原来她的名字叫林立慧，听起来就没有舒淇朗朗上口。杨紫呢，她的原名很难记，叫杨旎奥，估计这第 2 个字还会有一部分人不知道该怎么读，如果她出道用这个名字，估计很多人都记不住她。还有大家很熟悉的，成龙，刘德华，用的都是艺名，由此可见，一个好的名字有多么重要。

对一家酒店或者企业的客服来说，什么样的名称可以说是一个好的昵称呢？一般会有 4 个特点：容易称呼，容易传播，容易记忆，容易搜索。比如酒店邦的几个班主任，其实用的都不是他们的原名，而是取的艺名，比如高山、文山、芳华，笔画简单，读起来朗朗上口，个性鲜明，也非常好传播。这些昵称会让用户觉得这个不再是简单的客服人员，而是企业的标签，非常亲切。

这几年见过很多酒店人的昵称，大多数取得不是很好，我归纳了 3 种昵称禁忌，也找了一些反面案例。

第一种，营销气质太明显，很容易被用户删除；有“前面 +A”“后面 + 电话”“真名 + 高大上头衔”等类。

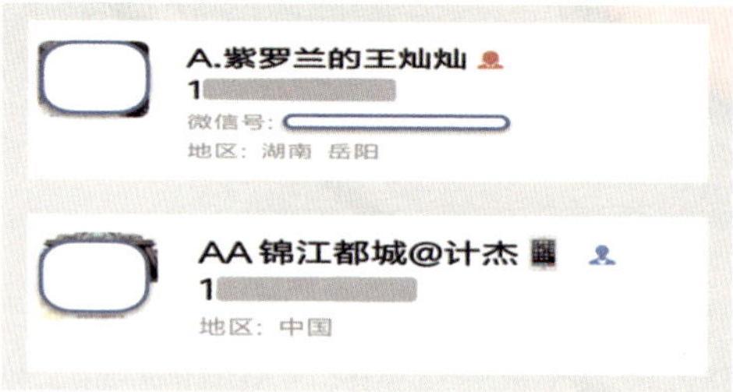

第二种，记忆难度太大，不利于搜索，比如带有符号 / 图标，有英文 + 火星文之类的读不懂文字，用生僻字，难拼写，重名率太高。下图是我从自己微信通信录里截取的一部分好友名称，如果你是他们的客户，你应该叫不出他们的名字吧？

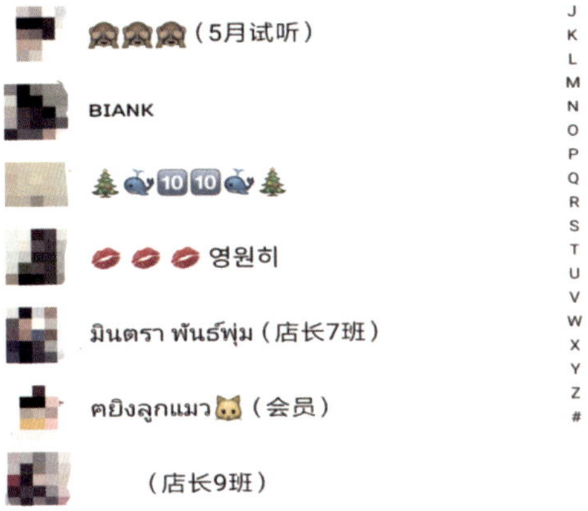


第三种，奇奇怪怪类，有点非主流，读起来很怪。我从我们的学员里找到了几个，一个叫“啊”，如果你是客户，你的第一印象会是什么样的？

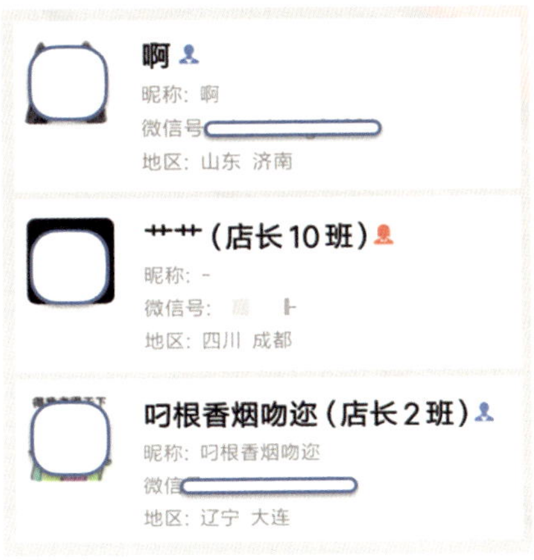

大家可以针对这 3 大类，判断自己是否达到了合格线。如何取一个好昵称？分享给大家两个小技巧：

**第一种**，可以用谐音。让你的名称往书写简单的方向走，千万不要为显示文化去词典中找，导致很多人连你的名字怎么读也不知道。我有个朋友叫李淼，这个由三个水字组成的淼，后来她发现有一些客户是不认识的，于是她的微信名就改成了苗苗，简单、好记。

**第二种**，把昵称跟日常的东西联系起来，比如水果类、蔬菜类、动物类、诗词类等。像酒店邦的微信个人号昵称就是运用了这种方法，比如高山、南山、芳华。那如果你用蔬菜类或者水果类，可以在后面加个名词，比如扁担姐，西瓜妹。酒店微信个人号的昵称常规模板，一般有 3 种：×× 酒店—某某、×× 酒店管家—某某、×× 酒店掌柜—某某。

三

## 个性签名——提供价值信息

用户点击你的微信头像进去后，他们会直接看到你朋友圈所有的内容，而个性签名是在你头像的下方。个性签名是用文字的方式描述，我们可以将它当作是酒店的价值观的一种显现，或者说是能为客户提供什么样的价值，虽然曝光率没有昵称和头像这么大，但是信息的容量是更大的，尤其是对新的朋友，他们加了你的微信之后会根据你的个性签名来了解你的更多信息。

酒店的微信号里，个性签名要表明你能为客户提供什么样的价值，或者体现出酒店的品牌口号。我在这里也列举 5 个模板，大家可以直接套用：

（1）杭州出差，亚朵最懂你＋电话。

（2）三亚旅行百事通＋电话。

（3）我最了解成都美食＋电话。

（4）×× 酒店，您的第二个家。

（5）×× 酒店，出差最佳选择，干净又舒适。

## 四 背景——强化酒店品牌

相册背景是永久免费的广告位，也是酒店的门面。对于新加的好友来说，他们如果想要了解我们的信息，那么相册背景占据了最大的巨型广告位。你可以看到，从头像、昵称到个性签名，最后到相册背景，这 4 个要素，如果你处理得好，它的信息量是逐步递增的。作为信息量最大的相册背景，你一定要好好利用起来。既然是广告位，是不是就可以在上面打一个大大的硬广告呢？

其实我并不建议你硬生生地放一个广告在上面，这种做法，其实就是给别人找一个理由删除你或者拉黑你。没有人喜欢被强制营销，哪怕你找一张漂亮的图片放上去，也比你直接打硬广告要好。相册背景可以用 3 种方式来设置：

### 1. 团队合照

它能体现出你的整个团队的状态和氛围，更有利于让用户认识你们，感知到你家酒店的整个精神面貌。如酒店邦，目前就是用核心团队人员的大合影，让用户看到酒店邦的精神面貌。

## 2. 酒店照

这个就比较方便，选一张酒店的门头照或者房型照，不过大家要注意，不要随便选一张，而是要选一张足够美观的。

## 3. 价值信息

此类相册背景，体现出酒店在告诉用户：我能为你提供什么。比如里面写着预订咨询、周边游玩咨询等。我根据一位学员的背景，进行了一个优化升级，大家如果有需要也可以用这个模板（见下图），然后根据自己酒店能提供的服务进行一个调整。我们的重点是把印象标签打入客户的脑海里，如果你放的背景别人看不懂、记不住，其实也是没有价值的。

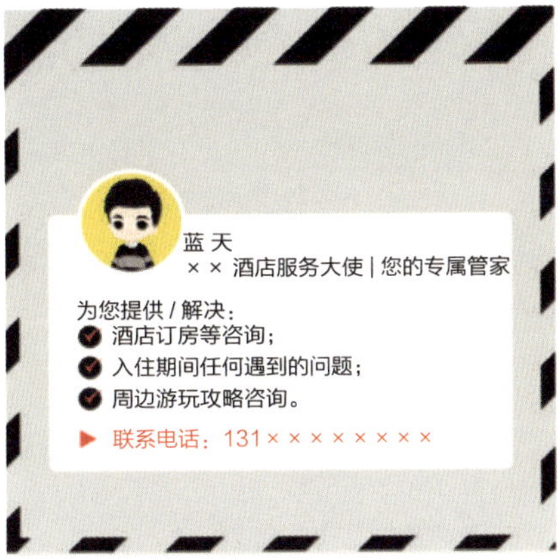


相册背景模板：显示价值信息

# 第三章

3

# 用户引流沉淀技巧

一

# 引流场景——入住前

用户沉淀引流的核心是设计诱饵，没有一个用户会无缘无故加你为好友，加你为好友一定是希望你能帮助她解决一个问题，或者是她能从你这里得到一些想要的东西。所以引流的重点就在于设计诱饵。

私域流量的本质是用户运营，在引流时要先站在用户角度，为用户提供良好体验的同时再顺势加微信，而不是只站在酒店的角度为了加微信而加微信，若让客人反感就得不偿失。

诱饵可以从用户所在的场景去设计，一般场景分为入住前、在前台、在客房这 3 个场景。我们一个个来分析。

入住前的客人基本会在 OTA 上预订，但还没到店。比较常见的 OTA 预订平台是携程、美团、飞猪，要如何联系这些客人？

## 1. 入住前引导——携程预订

客人是在携程预订的，可以在携程后台系统里拨打电话联系客人，但会出现两种情况。一种情况，接听的是携程客服，客服会问你为什么要联系客人，你可以说要跟客人确认到店时间，大部分客服都会帮你进行转接。但是也有客服会拒绝你，不给你转接。那这时候怎么办？你可以再打第二个电话，说需要确认客人入住需求，酒店好提前为客人做准备。通过这种方式，基本上都能联系到通过携程预订的客人了。

另外一种情况，接听的是客人。一般在晚上 7 点以后打电话，客人接听的概率比较大；白天打电话，客服接听的概率比较大。

## 2. 入住前引导——美团预订

客人若是在美团预订的，可以在美团后台系统里看到客人的联系方式，直接拨打即可，中间没有客服这个流程，比携程方便很多。

## 3. 入住前引导——飞猪预订

客人若是在飞猪预订的，则跟在美团预订的一样，联系起来比较方便，飞猪网站后台直接会显示联系方式，直接拨打即可。

针对入住前这个场景的客人，需要做哪些工作？首先要判断这个场景的客人对什么最感兴趣。我总结了 2 个客人入住前最感兴趣的内容，一个是地理位置，也就是你家酒店在哪里，因为他还没有到店；另外一个是，如果你家酒店在旅游城市，客户会关心旅游攻略以及美食攻略。针对这 2 个痛点，就可以设计对应的诱饵了。

第一种，客人想知道酒店具体位置，我们就可以从提供精准定位入手放出诱饵，之后再进行延伸。

记住一个入住前的话术结构：

第一，表明我是谁。

第二，表明我是你的谁。

第三，抛出问题。

第四，放出诱饵。

第五，强化诱饵。

**可采用以下具体话术：**

您好，×× 先生 / 女士，我是 ×× 酒店——蓝天，也是您的专属管家，您是不是预订了我们酒店的房间？

方便加一下您的微信吗？我发酒店定位给您，避免您迷路，耽误时间。如果找不到位置，您也可以通过微信联系我，我可以出去接您。另外，您有其他的需求也可以在微信里直接与我联系，我帮您解决。

这段话术是很难让对方拒绝的，我们来分析一下：

**第一步：**及时表明身份，我是 ×× 酒店——蓝天。因为现在有很多骚扰电话，不及时表明身份，容易被挂掉。

**第二步：**引出“我是您的专属管家”，这一句话是为了加强信任。

**第三步：**给客人一个简单的问题，也就是询问他是不是预订了我们酒店的房间。这个问题看似简单，其实是为了跟客人达成第一次互动的闭环。提出简单的问题，就是为了让客人能回复你，客人一般都会说是的。

接着就可以继续回复，那方便加一下您的微信吗？说完这句话，紧跟着说出加微信的原因：“我发酒店定位给您，避免您迷路，耽误您的时间。”这一句话是告诉客人，我是关心您，想服务好您，所以才需要加您的微信。其实说完这句话，你的成功率已经有 80% 了。但也意味着还有 20% 的失败可能性。

为了更高的添加成功率，就引出下面那句话：“如果找不到位置，您可以微信联系我，我出去接您。”这时候一般客人已经是很难拒绝了，成功率大概有 90%。

再加最后一句话：“另外，您有其他的需求也可以在微信里直接与我联系，我帮您解决。”这么一套话术下来，成功率基本有 95% 了，不仅能让客人感受到你的优质服务，还能成功加到客人的微信。

我们将心比心，如果你是这个客人，我这么服务于你，你唯一的感受可能是，这家酒店服务真好，这么贴心，还没到酒店就已经开始主动联系我了，迷路了也不用担心，他还会出来接我。这个话术适用范围很广，应该适合所有类型酒店。

**第二种**，客人对酒店的周边旅游攻略或者美食攻略感兴趣。

**可采用以下具体话术：**

您好，××先生/女士，我是××酒店——蓝天，也是您的专属管家，您是不是预订了我们酒店的房间？

方便加一下您的微信吗？酒店周边有很多好吃的好玩的，我可以发一份详细攻略给您，方便您提前做一个参考。周边这一片我很熟悉，您有什么疑问，也可以直接在微信上咨询我，比如景区门票价格、营业时间等。另外，您有其他的需求也可以在微信里直接与我联系，我帮您解决。

这个话术结构跟前面异曲同工：

**第一步：**表明身份，我是谁。

**第二步：**增强信任，我是你的谁。

**第三步：**抛出问题，让用户回答，完成一次沟通闭环，也就是不能一直是你在说，而是需要引导客人回答问题，并且这个问题是很简单的。

**第四步：**放出诱饵，这里的诱饵，就是“酒店周边有很多好吃的好玩的，我可以发一份详细的攻略给您，做一个参考”。这是放诱饵的第一个阶段，那再升级一下，继续告知客户，“周边这一片我很熟悉，您有什么疑问，也可以直接在微信上咨询我，比如景区门票价格、营业时间等”，这其实是在告诉用户，我是这方面的专家，可以帮你解决问题，进一步增加客人对你的信任，也就是强化诱饵，促使客人加微信。

另外有一点大家要注意，特别是新号，过于频繁主动添加客人，会有被封号的风险。

二

# 引流场景——前台

如果入住前没有联系上客人，或者员工太忙，部分客人没有在入住前加上酒店的微信，那这时候可以在前台这个场景中进行引导。在这个场景中客人通常会对这 3 个方面感兴趣，即免费赠送小礼品、提前开发票、免费提供早餐。

## 1. 扫码赠物

这里的诱饵设计就是赠送什么东西，要看你所在酒店可接受的成本是多少，也就是愿意花多少钱去吸引用户，常见的赠送物品有湿纸巾、暖宝宝、饮料、矿泉水等。

**可采用以下具体话术：**

您好，×× 先生 / 女士，为了入住期间为您提供更好的服务，您可以扫码添加我们的管家微信，我们提供 24 小时在线服务，您有任何问题都可以直接通过微信咨询。另外，今天有一个暖冬活动，添加管家微信后，会赠送您一份礼物。

分析一下这个话术结构：

**第一步：**抛出第一个诱饵，也就是“为了入住期间为您提供更好的服务，您可以扫码添加我们的管家微信，我们提供 24 小时在线服务，帮您解决问题”，这是第一个诱饵，也是在告诉用户，加微信是因为想更好地服务于你，表明良好的态度，让用户放下心理戒备。

第二步：抛出第二个诱饵，“另外，今天有一个暖冬活动，添加管家微信后，会赠送您一份礼物”。

这个话术是双保险，设计了两个诱饵。如果只说因为有东西赠送让客人扫码，除非你送的东西确实好，够吸引人，不然会有一部分用户会产生一点点反感，从而不愿意扫码。

### 2. 开发票

把开发票作为诱饵也是一个很容易服务的点。我们首先需要判断哪些客人是需要开发票的。在办理的过程中，只要一句话就可以判断，问他（她）：“× × 先生 / 女士，您需要开发票吗？”

如果他说“是”，就紧接着说：“那您扫一下这边二维码添加一下管家微信，把开票信息发过来，我们提前帮您开好，方便您退房的时候节约时间。”

这样就可以让需要开发票的客人添加酒店微信了。有些酒店或者餐饮店内部有一种快速开票系统，客人扫码自己填信息就可以直接提交，不用通过添加个人号。因为我们的目的是要让客人添加微信个人号，所以这个快速开票系统在这种时候就不建议使用。

### 3. 免费提供早餐

在前台环节，除了以上两个方法，还有免费提供早餐引导用户添加微信的，这个方法是我之前拜访一家酒店时发现的。这家酒店出手比较大方，扫码加微信后直接赠送 2 份早餐，第二天早上就可以使用，这是非常大的诱饵，客人一般很难拒绝。

**可使用以下具体话术：**

您好，×× 先生 / 女士，酒店现在有一个活动，就是扫码添加管家微信，能免费获得 2 份价值 48 元 / 位的早餐券，明天早上可以直接使用。另外，在入住期间您有什么需求，可以直接在微信上与您的专属管家沟通，他会第一时间帮您解决。请问需要参加这个活动吗？

这个话术也是使用了双诱饵的方法，因为早餐的诱饵太大，所以就直接把早餐放在第一位，说完有早餐可以送，再抛出第二个诱饵，说微信可以帮助你解决在入住期间碰到的问题。其实也是告诉客人，我想给你一个好的服务体验，加这个微信不仅可以拿到免费早餐，还能帮你解决入住期间碰到的问题。根据这位店长的描述，他家通过这个方法，添加客人微信的成功率达到了 100%。把这个案例讲出来是给大家一个参考，并不是说让大家一定要去这么做，因为每家酒店所能承受的成本是不一样的。大家要结合自身酒店的情况做决定。

## 三

## 引流场景——客房

通过前面两个场景，基本能引导大部分客人添加酒店微信个人号，可能还有漏网之鱼。客人没加上微信怎么办？那就在最后一个场景——客房继续引导，一般有两种引导方式。

### 1. 撒网模式

也就是要覆盖每个房间，如何覆盖呢？很简单，制作一块牌子放在房间内，通过这块牌子引导客人去加微信。这种方法的缺点是用户添加微信的成功率不稳定。但我们还是可以去做，因为这种方法是一次投入，终身受用。

如何提高这种撒网模式的添加成功率呢？重点就是牌子上的话术引导。我帮大家准备了一个模板，大家可以做一个参考（见下图所示）。

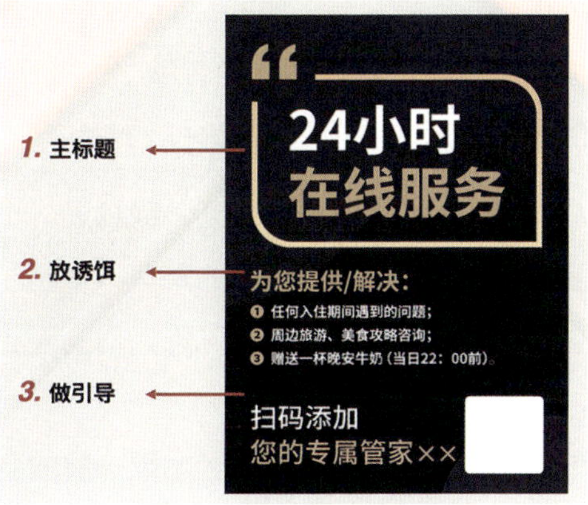


话术引导模板

主标题：24 小时在线服务

诱饵：为您提供 / 解决：

（1）任何入住期间遇到的问题；

（2）周边旅游、美食攻略咨询；

（3）赠送一杯晚安牛奶（22：00 前）。

引导：扫码添加您的专属管家 ××。

这个模板，大家可以结合自己酒店的情况去调整里面能提供的服务项目，但是切记不要列得太多。我见过有些酒店为了想表达自己能提供很多服务，列了 10 多条，写得密密麻麻，这种类型，用户的阅读体验是很差的。一定要归类总结提炼，越精简越好，能用 3 句话讲清楚的不要用 4 句话，能用一句话讲清楚的不要用两句话。

比如上面写着，“帮您解决任何入住期间遇到的问题”，这其实就概括了酒店能提供的 10 多种服务，客人也能一下看明白。另外也看到有些酒店会在卡片上写提供夜床服务，“夜床”这个词语，是酒店的专业术语，有部分客人不知道它是什么意思，所以如果要表示能提供这个夜床服务，就要用非常通俗的语言来说。

### 2. 一对一模式

送东西到客人房间，比如水果、银耳汤、绿豆汤、小零食等，你要准备好一张卡片，里面写上欢迎词，最重要的是有一个明显的引导加微信个人号的话术和二维码。为什么要准备卡片？因为你会碰到客人在房间和不在房间两种情形。

如果客人不在房间的话，把卡片和欢迎水果一起放到房间内。如果客人在的话，就可以参考这个话术：

> “××先生/女士（美女/帅哥），您好，这份是为您准备的欢迎礼物，请您收下。我是您今天的专属服务管家，负责您入住期间的服务接待。您可以加一下管家微信，有问题可以随时喊我。”

但是你说完这个话，客人不一定 100% 会加你，所以这个时候小卡片的作用就显出来了，它可以跟着物品一起进房间。还有一个方法，是我之前拜访一家酒店时了解到的。他家酒店从客人办理入住后，就有服务员带领客人去房间，在去房间的路程中跟客人继续交流互动，最后在进房门前，成功引导客人加微信，引导的诱饵就是上面讲的那些，比如可以帮你解决什么问题等。因为有专人亲自带路，客人的服务体验会更加好，自然被引导加个人号的概率就增多不少。

3 个场景下的引导方式讲完了，还是回到那句话：最好的状态是双赢，先考虑我们能为用户提供什么样的价值或者帮他解决什么样的问题，再顺势添加微信。

## 四 建立信任关系

让客人添加了微信之后，如果只是简单地说一句“你好”“很高兴认识你”，很难快速建立信任关系，接下来教你如何与客户建立信任关系。

### 1. 打招呼话术

首先是打招呼，加了微信后，有些酒店会因为比较忙而忽视了这个环节，会觉得比较麻烦，要一个个回复。用收藏，大大提高微信个人号的运作效率。那如何让打招呼更有亲和力呢？有些介绍是，你好，我是 ×× 酒店谁谁，很高兴认识你。就没有了，比较普通。其实，你可以这么打招呼。

**话术参考：**

您好呀，我是 ×× 酒店管家苗苗，谢谢您这么忙 / 漂亮 / 帅 / 有趣 / 还加我，很开心。怎么称呼您呢？我要特别 / 认真 / 好好备注一下。

## 2. 提供价值信息

如果你想再服务到位一些，你可以整理一篇周边的旅游攻略、美食攻略等有价值的信息，在客人加你后第一时间发给客人。

**话术参考：**

您好呀，我是 ×× 酒店管家苗苗，谢谢您这么忙 / 漂亮 / 帅 / 有趣 / 还加我，很开心。怎么称呼您呢？我要特别 / 认真 / 好好备注一下。

另外，我准备了一份旅游攻略给您，您可以提前做一个规划，有什么疑问也可以问我，我看到信息后会第一时间回复您。

如果酒店没有什么旅游攻略该怎么办？很简单，可以这样说。

**话术参考：**

您好呀，我是 ×× 酒店管家苗苗，谢谢您这么忙 / 漂亮 / 帅 / 有趣 / 还加我，很开心。怎么称呼您呢？我要特别 / 认真 / 好好备注一下。

在入住期间您有任何问题，都可以咨询我，我会全力帮您解决。

用这个话术，是不是让用户觉得这是一家很在乎客人服务体验的酒店呢？之前提到，如果客人有紧急事情要处理，在客房添加了客服的微信，但客服无法第一时间处理该怎么办？很简单，在客人添加微信后加上这样一段话：如有紧急事情，可以直接拨打电话 ××××××，与我联系。

## 3. 回访反馈记录

有些平台，特别是携程，通过它们预订的用户，离店两个小时后才能对酒店进行评价，这时候就可以通过微信回访入住体验，并且可以引导客人给出 5 星好评。

**话术参考：**

× × 先生 / 女士，您安全到家了吗？来问候一下您。这次入住的体验如何？有没有什么建议？我们可以继续完善。

方便的话可以对我的服务给一个 5 星好评吗？这个好评也是对我的服务认可，真的非常感谢您。

我们来分析一下这段话术，其中不直接问客人体验如何，而是先问“您有没有安全到家”，体现出虽然客人已经离店了，但酒店还是关心着客人，也就是仍然先站在用户的角度去沟通，而不是上来直接问体验如何。接着不管客人回答有没有到家，你都可以继续问下面那句话，“这次入住的体验如何？有没有什么建议？我们可以继续完善”。最后，引导要好评，“方便的话可以对我的服务给一个 5 星好评吗？这个好评也是对我的服务认可，真的非常感谢您”。

# 第四章

4

# 用户精细化管理

## 一

# 精细化管理——改备注

下图是标签管理的设置界面和显示的界面，你会发现修改后的信息更加全面了。接下来我会从备注、标签、电话、描述、照片这 5 项一一告诉大家如何进行管理。

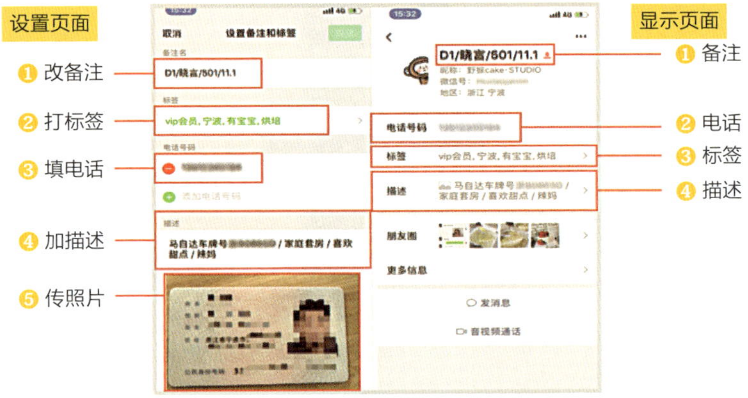


标签管理

当你修改客户的备注名后，名称能直接显示在朋友圈和对话框，你不用点击客户微信详情就能知道他的信息，方便与客户互动，提高沟通效率。所以备注怎么标记就要特别讲究。备注名公式参考：客户等级 + 姓名 + 房间号 + 最后 1 次入住时间。这样做备注的目的是因为房间和日期是一个变动相对频繁的项，所以放在最后容易修改。而等级和渠道放在最前面，让你一下子就看到这个客户是大客户还是小客户，是从携程来的还是从美团来的。

关于客户的等级，酒店可根据客户贡献的客房数或消费金额，用 ABCD 字母区分。编辑房间号主要是因为客户住店期间如果提出需求，你能定位到哪个房间并及时提供服务，方便酒店提早做好相关准备。下面举个例子供参考：

【A1】协议大客户：>100 间夜 / 年

【A2】协议中客户：50~100 间夜 / 年

【A3】协议小客户：0~50 间夜 / 年

【D1】VIP 会员：>5 间 / 年

【D2】普通会员：0~5 间 / 年

【XC】渠道客户：携程

【MT】渠道客户：美团

【FZ】渠道客户：飞猪

如上图，D1/ 晓言 /501/11.1 ，D1 代表是 VIP 会员，客户姓名叫晓言，上一次房间号是 501，最后一次入住时间是 11 月 1 日。这种备注基本属于最高配置，在能尽量完成的情况下，推荐大家把这 4 个信息都写上：等级 + 姓名 + 房间号 + 最后一次入住时间。如果你做不到 4 个都写怎么办？如下页图，是私域流量内训班一位学员的酒店微信个人号，他们已经在用这样的方式去做备注，虽然还没有做到最高配置，但有总比没有要强，从微信聊天界面中一下子就能知道。

这个客户什么时候住过，从哪个渠道来的。所以一定要去做这件事情，能写两种就两种，能写三种就三种，有一定比没有要强。

二

## 精细化管理——打标签

**标签的意义：**方便给同类标签客户群发信息，每次可同时群发给200人，比如你要给某类客户群发福利就可以非常快地完成。另外就是方便把同类标签客户快速拉到一个群里，也方便在朋友圈运营时，为同类标签的人群设置分组可见。

**建议打标签公式：**会员级别＋兴趣爱好（见下页图所示）。标签打上会员级别，客户兴趣爱好描述一栏可以通过在店服务和离店交流、查看朋友圈

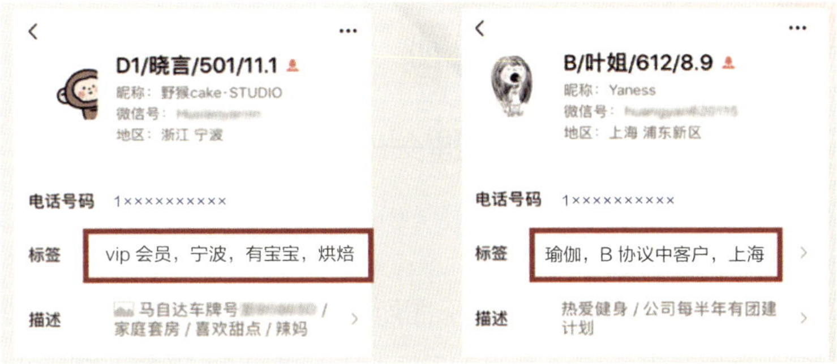


信息等方式进行信息完善。比如知道客户对烘焙、瑜伽感兴趣，你与客户聊天时，就容易展开话题。后期也可根据客户兴趣爱好运营微信群的内容。

## 三

## 精细化管理——填电话

电话可多填，个人客户填手机号即可，协议客户有必要再添加一个座机号。

四

## 精细化管理——加描述

适当添加客户住店喜好（见下图所示），比如客户对酒店房型偏好（亲子房）、水果类型偏好（苹果 / 西瓜）、早餐偏好（面条 / 煎蛋）、枕头偏好（乳胶枕 / 羽绒枕）等。客户下次入住时，酒店就可以提前根据客户的需求安排好。之前有学员问我，想把客人首次入住的价格填在备注上，我建议他可以填在描述里，描述里的信息容量可以填的比较多，备注上只填最重要的几个信息即可。

五

## 精细化管理——传照片

适合上传客户的身份证，通过身份证你可以了解客户的年纪、生日、性别、老家或者现居住地址。

当按照以上 5 个步骤给客户做完精细化管理后，你对比下页左右两张图，在对客服务的时候是不是更容易了？在同质化竞争严重的酒店行业，酒店的竞争优势是：你比别的酒店更懂客户！

微信个人号

完成精细化管理的微信个人号

我们来看一个酒店案例，这是参加私域流量内训班的一个学员做的精细化管理。

完成精细化管理的微信个人号

第 1 张图，虽然我不知道这个客人是谁，但我能很清晰地知道他来自携程渠道，最后一次入住时间是 10 月 23 日，描述那一栏写着靠河、安静、大床、空调提前开，也就是这个用户有这类喜好，如果我是新员工，我立马就能为这位客人做好相应的服务准备。再看第 2 张图，上面备注写着 GV1，其实我一开始没看明白这个是什么意思，于是问这位学员，他说用户是本地的，住的那条街道名称是古墩路，古的大写是 G，所以写了一个 G 方便知道本地用户大致住在哪里，那 V 代表 VIP 的意思，他家的 VIP1 代表消费 3 间以内，如果要升到 VIP2 就要消费≥ 3 间，VIP3 是≥ 6 间，有这样一个阶梯。他这么一说，我就明白了，很好的一个备注方式。如果我是新员工，也能一下子知道这个用户是不是重点客户了。

# 第五章

# 5

# 用户画像制作

一

## 什么是用户画像

之所以把用户画像放在第五章，是因为第四章重点讲了如何去给用户改备注、打标签等一系列行为，只有做完这些动作，我们才能更方便更高效地去做下一步——用户画像制作。

现在问你一个问题：你对自己的用户了解多少？哪些人会买你家产品？这些人有哪些特征，有什么喜好，你知道吗？还有，哪些人会复购你家产品？这些人有哪些特征，有什么喜好，你清楚吗？简单一句话：会买你家产品的用户长什么样？会复购你家产品的用户长什么样？在我拜访的很多家酒店里，很少有人能详细地回答出来，最多会说我们的用户是 80 后或者是来自上海，这其实就是对自己的用户不了解，不知道他们长什么样，很多酒店人都忽视了对这一块的数据统计和制作。

用户画像是你在做产品或者运营的过程中，对一群人的共性特征进行描述，也就是给用户群体打标签，所以用一句话概括：用户画像就是给用户打标签。

制作用户画像的作用在于让你和你的员工更清楚地知道什么样的用户会来买你家产品，什么样的用户有复购需求，知道这些特征后，你就能针对这些用户进行重点运营，因为有一个很现实的情况就是我们无法把 80% 的精力给到所有用户。

所以，我们一定要找到有下单潜力和会复购的用户的特征，把 80% 的精力放在 20% 的用户上，让 20% 的用户创造 80% 的价值。用户画像的构建思路可以从两个方面进行展开，在这里我们称为显性画像和隐性画像。

显性画像指用户群体可视化的特征描述，比如年龄、性别、职业、地域等，其中职业我们除了要知道是什么行业的，还要知道岗位等级。隐性画像指用户内在的深层次的特征描述，比如用户住宿的目的、用户还会去哪里消费、用户还喜欢什么、经常出现在哪里、关心什么话题等。

对于隐性特征，我们具体解释一下：

**（1）住宿目的：**主要为商务与旅行两类需求。城市酒店以商务为主，度假酒店及民宿以旅行为主。旅游城市酒店会有商务与旅行两类需求并存。如果是会议型酒店，会议需求入住占比高。出行目的不同，对酒店房型的需求会有差异。比如有些酒店为了迎合亲子出行需求，把部分房型改造成亲子主题客房。所以，我们要了解用户的住宿需求是什么。

**（2）客户还喜欢什么：**指除了酒店以外，客户在生活中还喜欢什么，比如旅行、美食、养生等。

**（3）客户还关心什么话题：**指除了酒店以外，客户在生活中关心什么话题，比如美妆、汽车、职场成长、儿童教育等。了解这些是为了方便后期在朋友圈运营做内容。

**（4）客户经常出现在哪里：**指除了酒店以外，客户在生活中都会在哪里待着，比如美容店、咖啡店、网吧、学校、酒吧、电影院等。了解这些，是方便酒店与其他行业进行合作。

## 二 制作用户画像

制作用户画像可以分为 3 大步骤，第一步是基础数据采集，第二步是共性特征汇总，第三步是用户画像呈现。

我们先来看一个案例，一位私域流量内训班的学员，采集了 100 多个复购用户的信息，最后呈现的画像如下：

（1）**年龄：**25~44 岁。

（2）**性别：**男 57%、女 43%。

（3）**地域：**本地 22%、异地 78%（上海、深圳、江西居多）。

（4）**职业：**销售、培训、设计。

（5）**消费能力：**350~500 元（这是搜集的常用房型的平均房价，后面篇章我们会讲消费能力搜集的多个维度）。

（6）**住宿需求：**浙大培训、商务出差、外出学习。

（7）**客户还喜欢什么：**旅行、美食。

（8）**客户关心什么话题：**出行、景点、学习。

（9）**客户还会出现在哪里：**学校。

这些数据有什么用呢？这家酒店 7 天时间内微信端的复购用户有 100 多人，每天大概有 15 单，很稳定。我很好奇，就问这位学员复购的人群男女占比情况什么样，她说男的比较多。我一听到这个信息，马上联想到的是估计男性占比有 70%，因为在我的概念中比较多的意思是至少有 70% 才算比较多。

然后我问她有没有这方面的数据，比较多是多多少？她说没有统计，于是就让她去做个数据采集，顺便把其他信息也一起采集来看看最终呈现的结果。最后得到了男性占比 57%、女性占比 43% 的结果，这个数据一看到就很直观了。有了这个数据就很容易针对这类客户进行重点运营。

## 1. 第一步，基础数据采集

如何搜集这些基础信息？可以从这些方面入手：

第一个，年龄。这个数据在酒店 pms 管理系统中一般都会有，看一下身份证的出生年月日也能确定。

第二个，性别。这个信息可以从身份证和微信的基础信息里获取。

第三个，地域。可以优先通过客户的微信基础信息来获取，大多数微信的地域显示是比较准确的。如果显示不准确，可以通过朋友圈获取这个信息，为什么是朋友圈呢？因为有些用户会有发朋友圈带定位的习惯，你留意一下就会发现。

你也许会问那身份证上的地域不行吗？不行，因为身份证上的地域信息只能判断客人出生在哪里，不代表是他目前生活的居住点，这个大家要知道。其次在客人入住期间，可以通过沟通问客人是从哪里过来的，也能获取这个信息。

第四个，职业。你可以通过客人的朋友圈了解到客人是做什么的；如果客人不爱发朋友圈，你可以在入住期间通过跟客户的沟通了解，另外也可以在微信端回访客人的时候，获取到这个信息。

第五个，消费能力。通过订房记录，可以查看客人在你家订过哪些房型，是 200 元的，还是 400 元的，来过几次，综合消费多少钱，以此来判断客人的消费能力。这个统计的维度最好是消费次数和总金额都要有。

第六个，住宿需求。可以通过酒店内服务系统以及微信互动沟通来获取信息。

最后 3 个方面，客人还喜欢什么，还关心什么话题，还会出现在哪里，这些信息可以通过店内及微信互动沟通、关注朋友圈以及看一看来获取。什么是看一看？如下图所示。看一看的功能就是能看到你的好友给哪些文章点过赞，点过赞说明对此类文章是有兴趣的，就可以去看看这个文章或者发这个文章的公众号主要是关于什么内容的。

微信“看一看”功能界面

我给大家做了一张表格（见下表），你可以根据这个表格，把采集的用户信息填充到这个表格里。

用户画像数据采集表

| 用户画像数据采集表 | | | | | | | | | | | |
|---|---|---|---|---|---|---|---|---|---|---|---|
| 序号 | 姓名 | 性别 | 年龄 | 地域 | 职业 | 入住次数 | 消费金额 | 入住原因 | 还喜欢什么 | 关心什么话题 | 还会出现在哪里 |
| 1 | | | | | | | | | | | |
| 2 | | | | | | | | | | | |
| 3 | | | | | | | | | | | |
| 4 | | | | | | | | | | | |
| 5 | | | | | | | | | | | |
| 6 | | | | | | | | | | | |
| 7 | | | | | | | | | | | |

## 2. 第二步，共性特征汇总

采集完数据，就进入第二个步骤——共性特征汇总，也就是大家有哪些相同的特征。我们来看一张图就清楚了，把目光放到客户还喜欢什么这一栏，如下图，有喜欢旅游的，喜欢户外运动的，喜欢摄影的、瑜伽的、烹饪的，喜欢职业发展的，等等。

用户画像数据采集表

| 序号 | 姓名 | 性别 | 年龄 | 地域 | 职业 | 入住次数 | 消费金额 | 入住原因 | 还喜欢什么 |
|---|---|---|---|---|---|---|---|---|---|
| 1 | 用户1 | 男 | 32 | 上海 | 教师 | 2 | 400 | 参加培训学习 | 旅游/亲子教育/美食/化学课程 |
| 2 | 用户2 | 男 | 29 | 杭州 | 培训 | 3 | 1000 | 讲课 | 成人教育/户外运动/健康/新媒体 |
| 3 | 用户3 | 男 | 37 | 杭州 | 培训 | 2 | 200 | 参加培训学习 | 旅游/亲子教育 |
| 4 | 用户4 | 女 | 31 | 上海 | 项目经理 | 2 | 400 | 出差 | 美食/摄影/游泳/瑜伽 |
| 5 | 用户5 | 女 | 27 | 金华 | 销售 | 2 | 400 | 出差 | 游戏/旅游/酒吧 |
| 6 | 用户6 | 男 | 29 | 宁波 | 教师 | 4 | 800 | 旅游 | 健身/户外运动/旅游/教育 |
| 7 | 用户7 | 女 | 27 | 温州 | 教师 | 3 | 600 | 讲课 | 烘焙/烹饪/旅行/酒吧/游戏 |
| 8 | 用户8 | 男 | 25 | 上海 | 培训 | 2 | 400 | 参加培训学习 | 游戏/健身/美食/旅游 |
| 9 | 用户9 | 女 | 28 | 深圳 | 销售 | 3 | 800 | 出差 | 亲子教育/笑话段子 |
| 10 | 用户10 | 男 | 36 | 深圳 | IT | 2 | 400 | 商务会议 | 亲子教育/亲子旅行 |
| 11 | 用户11 | 男 | 40 | 深圳 | 教师 | 3 | 650 | 参加培训学习 | 美食/烹饪/撸猫 |
| 12 | 用户12 | 女 | 28 | 上海 | 烘焙师 | 2 | 470 | 带孩子出来玩 | 亲子教育/宠物/旅行 |
| 13 | 用户13 | 女 | 32 | 杭州 | 设计师 | 2 | 400 | 参加培训学习 | 艺术/平面设计/亲子教育 |
| 14 | 用户14 | 女 | 32 | 深圳 | 教师 | 2 | 700 | 调研 | 成人教育/房产/日本料理 |
| 15 | 用户15 | 男 | 34 | 杭州 | 销售 | 5 | 750 | 出差 | 职业发展/户外运动 |

1. 旅游=7
2. 亲子教育=6
3. 美食=5
4. 户外运动=4
5. 游戏=3
6. 酒吧=2
7. 健身=1

共性特征汇总图

我们对这些用户共同喜欢的内容进行汇总，最后得出结果：喜欢人数最多的前 5 项，分别是：喜欢旅游的有 7 个人，喜欢亲子教育的有 6 个人，喜欢美食的有 5 个人，喜欢户外运动的有 4 个人，喜欢游戏的有 3 个人，其他项都是只有 1 个或者 2 个人喜欢。这前 5 项就可以被视为用户的共性特征。

## 3. 第三步，数据汇总

最后把所有数据汇总就自然进入了第三步，也就是用户画像的呈现。

（1）年龄；

（2）性别；

（3）地域；

（4）职业；

（5）消费能力；

（6）住宿需求；

（7）客户还喜欢什么；

（8）客户关心什么话题；

（9）客户还会出现在哪里。

用户画像的制作，最重要的是第一步，也就是基础信息的采集，样本越多数据会越精准。刚刚的那个画像是以微信端复购的人群做的一个画像，那除了复购用户的画像，你还可以去制作其他渠道的画像，比如协议客户的画像、OTA 客户的画像。

拿携程后台举个例子，携程的后台里是有用户画像分析这一栏的，这个画像分析的样本基数就很大了，能相对准确地知道什么样的客人会从 OTA 来预订你家酒店。如下图，看预订习惯这一张画像，就能知道用户提前 2~7 天和提前 7 天预订的比例是比较大的，占到了 60% 以上，那根据这个情况就可以去选择类似“提前预订”的促销活动去刺激这类用户。

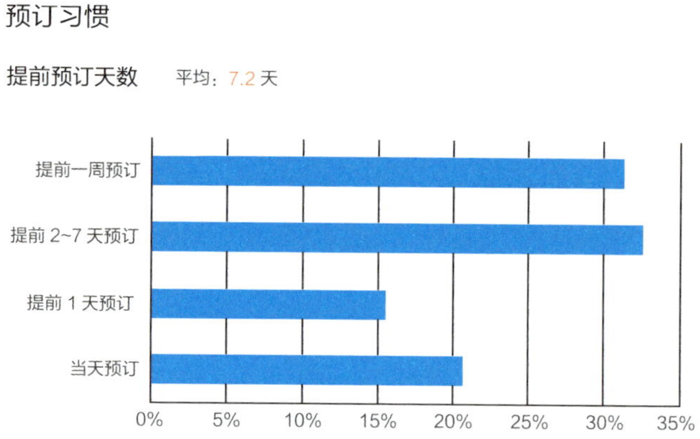


预订习惯图

携程后台还有如下图所示的用户分析、基本属性等更加详细的内容。不过有一点不要混淆了，就是你的微信复购用户或者微信端成交的这些用户的用户画像跟来自 OTA 的用户画像，不一定是一样的，建议你把这两个渠道的用户画像拿出来进行一个对比。

**用户分析**　用户分析数据每日更新，根据酒店在携程过去 180 天的预订数据统计，仅供参考。　下载分析报告

用户特征

| | 年龄 | 性别 | 来源地 | 出行类型 | 出行时间偏好 | 消费偏好 | 提前预订天数 | 连续入住天数 |
|---|---|---|---|---|---|---|---|---|
| 我的酒店 | 25~34 | 女 | 异地 | 休闲型 | 工作日 | 中档 | 提前 2~7 天预订 | 1 天 |
| 我的商圈 | 25~34 | 女 | 异地 | 休闲型 | 工作日 | 中档 | 当天预订 | 1 天 |

提升策略

提升房间清洁度、卫生洁具、洗漱套件质量
建议提供免费剃须刀等小物件
优化设施 >

设置预订促销参与酒店营销，提供诚实地图小册子、租车出游服务
设置促销 & 营销活动 >

201~500 消费区间最多，需及时维护
维护房态 > 调整房价 >

可提供成都、重庆、广州偏好餐饮服务，在大堂提供相应杂志或报纸

**基本属性**

**年龄**　平均：28.9 岁

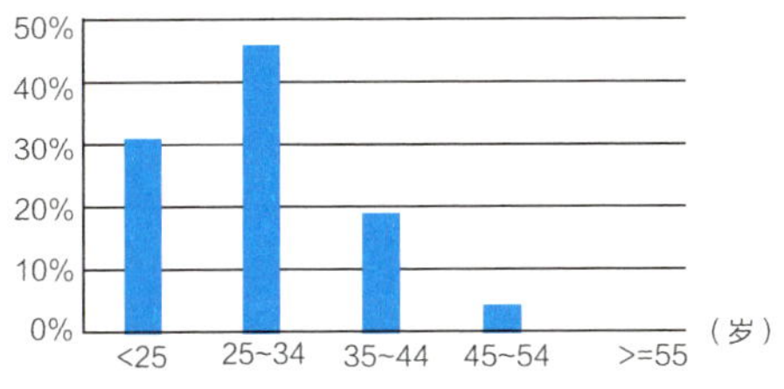


性别

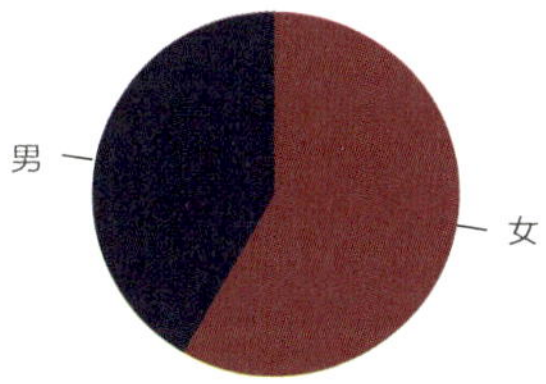


**用户分析图**

# 第六章

6

## 搭建成交环境
## ——朋友圈运营

## 一

## 发朋友圈的误区

朋友圈可以说是酒店的第二个门面，也是个人号里很重要的成交环境。而成交的前提是什么？是信任，朋友圈是一个搭建信任的场景。你发的文章、图片等都会被用户看到，被用户感知到某些信息，他们因这些信息有可能对你产生好感，也有可能对你无感，甚至会对你产生厌恶之情，从而把你拉黑。有一个事实就是，很多人会通过朋友圈来进一步了解你或你的酒店。

在运营朋友圈之前，先看看发朋友圈有哪些误区，我找了一些案例一个个分析，你也可以一起看看自己有没有踩雷。

### 1. 只发链接，没有文字提供

如下图这类情况，发出去的只是文章链接，用户看到后是很难点进去看你分享的，通常都是顺势滑过。那你发这个文章的意义是什么呢？毫无意义。如果要发文章，你就要配上自己的想法、情绪或者观点。

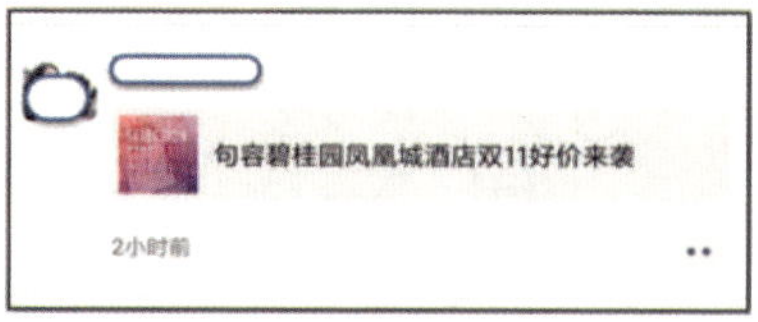


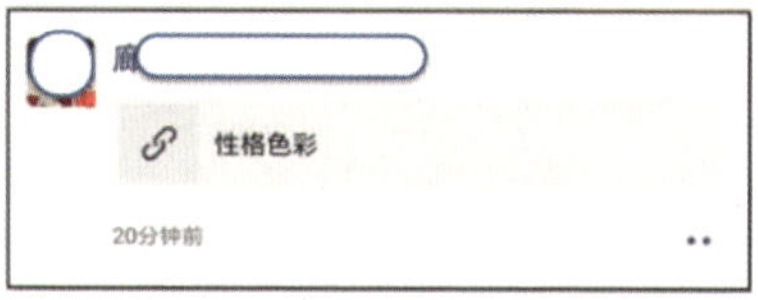

## 2. 只发图片，没有文字

发朋友圈时，只发图片，没有任何文字说明，这类就更奇怪了，会让人感觉很敷衍，有种为了发朋友圈而发的感觉，就像一个任务，发出去就完事了，没有考虑到用户会不会来看。

## 3. 同类图片过多

有时候大家会有一种心理，就是你觉得很美好的东西很想分享给大家。但这时候就要注意，同类型的照片不要过多，你在同类照片中选择 1 张就可以了。再把不同类型的照片放上去，会更加有吸引力。

## 4. 文字折叠

出现折叠的情况通常有两种：第一种是因为你从别人那边复制了一堆很长的文字，超过了 7 行，然后在自己的朋友圈上进行粘贴，从而导致折叠，最终只显示一行。第二种是你自己编辑的文字超过了 7 行，就会出现“全文”的字眼。

## 5. 文字堆在一起密密麻麻

把想说的全部写上去，并且堆在一起，就会导致用户没有太大的兴趣去看你的文字。因为文字堆在一起给用户产生了太大的阅读压力，可以设身处地想一下，如果你是用户，看见密密麻麻的文字堆在一起，还会有兴趣看完这条朋友圈吗？

建议大家，发朋友圈时，如果文字不是特别短的，可以分两段，这样看起来会有呼吸感，如下页图，是我自己平时发朋友圈的结构，是不是分段后比堆在一起舒服多了？

## 6. 每天发纯广告

给大家看一个真实的案例：这是私域流量内训班一位学员反馈给我的信息，他说他家个人号被微信警告了，说有用户投诉他，有违规行为。这位学员有点不知所措，因为他没做什么事情，怎么就被警告违规了？于是我就细问他，你最近在微信上做过哪些动作？仔细想想。他说每天会发朋友圈，其他也没有了。我说，你朋友圈发的什么内容？截图给我看看。他截图发给我，我一看，震惊了，全部是硬广告（见下图）。

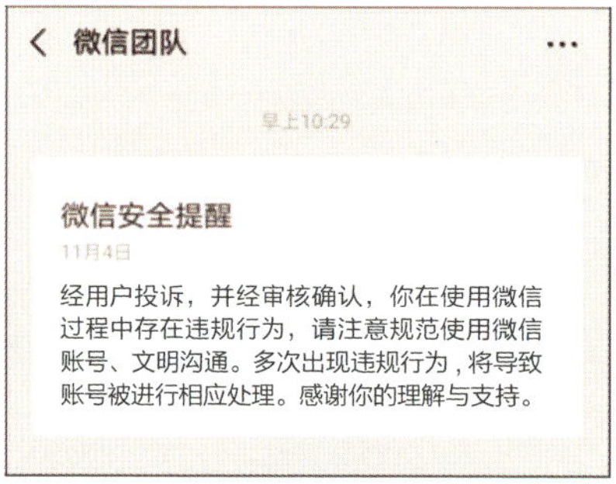

咱们将心比心，如果我是用户，刚加了你为好友，就看到你天天在朋友圈发广告，除了广告还是广告，我会对你有什么样的印象呢？就是厌

恶，讨厌。作为酒店方，我好不容易成功把客人加到微信号里了，却做了一些令客人讨厌的事情，那之前一些话术引导啊，人设啊，不就白做了吗？微信个人号的目的就是要把这些用户好好经营起来，用长期运营来达到成交和复购，而不是想着我要让他马上下单，这是不友好的，会失去用户对你的信任。在前面就讲过，私域流量里我们做的是熟人和半熟的生意，要把用户当作人来看，而不是把用户当作流量，客人退房后的那一刻起，才是你和用户真正的开始，这句话再重温一遍。

## 二

## 发朋友圈的内容素材

说完了这些误区，那朋友圈可以发哪些内容呢？很多同行将可以发朋友圈的内容都局限在了自身酒店内，其实是有很多素材可以发的，我帮你总结了两个大类，16 个小类，拿来就可以用了。

第一类，酒店内容：加深客户印象，创造成交机会。

（1）美食：酒店美食、当地特产、合作餐厅。

（2）美景：酒店本身、酒店周边、本地城市。

（3）周边：周边活动、周边娱乐、周边美食。

（4）故事：服务案例、网评截图、员工故事。

（5）团队：服务瞬间、员工活动、团队培训。

（6）福利：优惠券、早订优惠、节日活动。

（7）客户：活动照片、接团入住。

（8）会员：会员日、会员特权。

第二类，生活内容：体现真实感，拉近与客户的距离。

（1）日常打卡：学习打卡、每日早安、早起打卡。

（2）日常关怀：早晚安、天气预报、节日祝福。

（3）知识干货：成长感悟、金句摘录、抖音学习。

（4）热门话题：微博热搜、本地热门、热门电影。

（5）借势营销：借势名人、借势节日、借势赛事。

（6）个人信息：吐槽自黑、自爆隐私、生活琐事。

（7）娱乐信息：笑话段子、八卦提问、抖音娱乐。

（8）互动信息：PK 打赌、个人求助、话题征集。

## 三 发朋友圈的公式

这么多内容素材可以发，你是不是一下子傻眼了？知道这么多内容可以发，但还是不知道该怎么发。朋友圈既然是搭建成交的环境，成交的前提是信任，所以，我们发朋友圈的目的就是建立跟用户之间的信任，如何建立信任关系？根据这几年的经验，我总结了一个公式：信任 = 专业 × 靠谱 × 亲密度。我们结合实际的酒店案例来说，看看前几期私域流量内训班的学员是怎么发朋友圈的。

### 1. 专业

**朋友圈一：**让客人满意，是我们最大的愿望，也是小忆收到的最好的礼物，您的认可就是我们前进的动力！

配了一张跟客人的聊天截图，从聊天截图可以看出这家酒店客人入住的体验很棒，发这条朋友圈不是给这位体验过的用户看的，而是给其他用户看的，别人看到后就会认为这家酒店很专业。

朋友圈二：一年的辛苦在这里了，感谢大家的支持。

这是在跟谁对话？跟朋友圈的用户对话呀！打开图片一看，是携程发给酒店的“最佳服务典范奖”，这就是一份权威背书，给用户什么感觉？专业。

## 2. 靠谱

朋友圈一：努力为了证明自己，培训为了给大家更好的服务。

配了一张在培训的图片。这条朋友圈传递给用户的信息是，我们所有

的努力都是为了给客人更好的服务，所以我们要培训。靠不靠谱？靠谱。

**朋友圈二：** 非常抱歉给大家带来不便了，真爱，电梯今天 8 点维修，各楼层通道都有小伙伴，大家辛苦了。

我们来分析一下，虽然酒店发生了一些意外，电梯无法使用，但是这家酒店主动发条消息在朋友圈，来告诉用户这件事情并且把解决方案提供了，也就是里面提到的各楼层都有小伙伴。大家再想一想，真正能看到这条电梯维修提示朋友圈信息的人，是在店入住的客人还是朋友圈的用户？大部分是朋友圈的用户，对吧？那给这些用户什么感觉？虽然有意外，但酒店方在努力帮助用户解决。靠不靠谱？靠谱。这条朋友圈的结构就是，先示弱，把意外问题告诉用户，再提供解决方案。

朋友圈三：我们精心为客人准备水果，客人精心为我准备台湾小吃，神仙客人来一波，我们很爱的。

如果我是其他用户，看到这条朋友圈，会想，为什么客人会给你们准备台湾小吃？很大原因是对你们酒店认可才会送东西。这也是间接体现出酒店的靠谱。

## 3. 亲密度

朋友圈一：母亲节我们准备好了，你们啥时候来啊。

这一条的第二人称用得很好，不是说客人啥时候来啊，而是说你们啥时候来啊，就像跟你在对话。并且配了一张图，图中准备了很丰盛的母亲节礼物，软性地植入广告，暗示着用户可以来订房间了。这种方式是不是比发“母亲节到了酒店出了什么什么活动，可以什么送什么，价格是多少，欢迎咨询”等要好很多呢？

**朋友圈二：**客人强烈要求一起合影，太幸福了。

如果你是用户，看到这条朋友圈会反感吗？不会。这条朋友圈传递出一种很有爱的感觉，跟客人相处很亲密，间接体现出酒店的专业和靠谱。

**朋友圈三：**吃得差不多了，才反应过来拍照，客人点外卖送给我们的水果，超级甜，咱心里甜。

是不是很能体现出亲密度？这种亲密感来自客人，会传递给其他用户：这家酒店不一般，感觉客人跟家里人一样。

说了这么多案例，就是在强调，发朋友圈就是建立信任的过程，要潜移默化地影响客人，把酒店的人设及品牌打入客人心中，从而建立良好的成交环境。

一定要记住发朋友圈的公式结构：信任 = 专业 × 靠谱 × 亲密度。

## 四

## 发朋友圈的时间和条数规划

发朋友圈的时间和条数也是有讲究的，最高配置就是一天可以发4~6条，黄金时间段有四个：

### 1. 07：00~09：00（1条朋友圈）

建议：不适合发酒店硬性广告，可以发一些美好生活的信息。

### 2. 11：30~13：30（1条朋友圈）

建议：午休时间，可以发一条轻松搞笑的段子、微博热搜的新闻话题，也可以发与酒店相关的内容（客人评价、酒店各种状态等），在配图中可以植入酒店产品广告，但不是纯广告。

### 3. 17：00~19：00（1条朋友圈）

建议：下班时间，大家累了一天，不想再看理智严肃的内容，可以发美景、美食、客户照片。

### 4. 20：00~23：00（1 条朋友圈）

建议：此时朋友圈活跃度最高，可以发一些生活化的内容和间接跟酒店相关的内容，比如与客人之间发生的故事、热门电影、看书心得等。

我们发朋友圈是不是想到什么就发什么呢？不是的，我们要系统地运营朋友圈，最好的状态就是提前准备好第二天发朋友圈的内容。因为这样做了之后当天不用再着急掐着点去想，怎么办啊，要发什么内容啊，从而导致跟其他工作冲突，最终忘记发朋友圈。

推荐一个小方法：

**第一步：**建一个发朋友圈的小群，目的是用来搜集文案和素材的，这样安排就可以直接复制粘贴里面的素材，提高朋友圈运营的效率。

**第二步：**所有素材按照时间提前 1 天准备好。如果你有能力，提前准备好两三天的素材都是可以的。推荐做一份素材计划表（见下图）。

| 朋友圈运营一周素材计划 | | | | | | | |
|---|---|---|---|---|---|---|---|
| 发布时间 | 第一天 | 第二天 | 第三天 | 第四天 | 第五天 | 第六天 | 第七天 |
| 07：00~09：00 | | | | | | | |
| 11：30~13：30 | | | | | | | |
| 17：00~19：00 | | | | | | | |
| 20：00~23：00 | | | | | | | |

如果你觉得一天发不了 4 条怎么办？其实可以慢慢开始，一天发 1 条也行。有总比没有好。而且也要发动同事一起参与讨论发什么样的内容，不是你一个人去做这件事情。

五

## 主动评论和点赞的技巧

技巧有四点:

(1)每天安排好固定时间，主动在朋友圈跟客人互动。

(2)评论时，多用提问句式、赞美句式，比如客人发了旅游的美图，可以评论:哇，这地方太美了，是在哪里?

(3)勿频繁给同一个用户点赞，因为经常给同一个用户点赞，会让客人觉得你目的性太强，发什么你都点。

(4)不要与特殊客人进行互动。

发朋友圈是为了建立与用户的信任关系，有了信任的基础才会有后面的成交，信任 = 专业 × 靠谱 × 亲密度，建立了信任，等于建立了良好的成交环境。朋友圈的运营是非常重要的一块内容，往往很多成交和复购就是因为朋友圈的运营而来的，你一定不要忽略了它。

# 第七章

# 7

# 提升成交效率
# ——快闪群运营

朋友圈的持续打造，属于长线型，长期销售。快闪群，它的特点是它属于集中型，适于短期促销。

为什么要做快闪群运营？

（1）周期短。它属于短时间的一种营销方法。

（2）易操作。学会方法后，很容易上手。

（3）效果好。它的短期爆发力比较强。

（4）从众心。用户会从看热闹的心态转变到抢着买。因为快闪群能制造出这样的下单氛围。

一

## 快闪群运营方法论

我测试过这种用快闪群成交的方法，也使用过很多次，群内的成交量比朋友圈销量高 2~5 倍。如何运营快闪群？有 3 个大步骤，分别是售前预热、售中氛围营造、售后追踪（如下图所示）。

| 内容 | 售前预热 → | 售中氛围营造 → | 售后追踪 |
|---|---|---|---|
| 1 | 朋友圈铺垫 | 烘托氛围 + 签到包 ↓ | 进度播报 ↓ 用户反馈 ↓ 预告下期 |
| 2 | | 产品介绍 + 团接龙 ↓ | |
| 3 | ↓ | 促进成交 + 订单雨 ↓ | |
| 4 | 正式启动 | 库存更新 + 倒计时 | |

快闪群运营步骤

（1）售前预热。主要是活动前充分地在朋友圈预热，让更多人关注和点赞。

（2）售中氛围营造。指活动中通过微信群激发用户从众心理，集体快速下单。通常有 4 个方法，烘托氛围 + 签到红包，产品介绍 + 团接龙，促进成交 + 订单雨，库存更新 + 倒计时。

（3）售后追踪。指活动后通过 1 对 1 沟通、微信群、朋友圈跟进未成交顾客，促使其购买。通常有进度播报、用户反馈、预告下期等方法。

那快闪群运营适合做哪几类产品呢？我总结了 3 大类型：第一类，新产品；第二类，节日促销产品，比如“双 11”“双 12”用比较低的价格回馈用户；第三类，尾单甩卖产品，也就是要清理的库存产品。

二

## 快闪群运营细节拆解

上面说完了快闪群运营的方法论框架，接下来我们一一拆解每个环节该如何落地执行。

### 1. 售前预热

朋友圈预热有 3 种形式，即活动调查、有奖竞猜、活动预告，预热的目的就是告诉用户，我们打算出新的活动了，让用户收到这个信息。

**朋友圈预热形式一：活动调查**

文案参考模板：最近好多粉丝都来问我有没有活动，要不你们留言告诉我，最希望哪个产品 / 房间做活动？留言量最高的产品，我去跟老板申请！

然后，在评论区回复：我申请的活动，只有微信好友可以享受哦！

这就是抛出一个问题，让用户来做一个回答。不过，也会出现一种情况，就是没几个人回复你，不过没有关系，不管有没有人回复你，我们要自导自演，继续下一条朋友圈。

**朋友圈预热形式二：有奖竞猜**

文案参考模板：上一条朋友圈有太多朋友回复了！没想到最多人想要的居然是它！你们猜一下是什么？点赞超过 30 个，我向老板申请这一块产品的重磅活动！能不能搞活动就看你们了！

30 分钟后，不管有没有人点赞，都在评论区写上：才发了一会儿，就有这么多人点赞了！写评论的目的就是告诉看到这条朋友圈的用户这个活动很火爆，从而吸引用户的注意力。

好了，第一天发了 2 条朋友圈做了第一阶段的活动预热，接下来我们要进行第二天的活动预热。

**朋友圈预热形式三：活动预告**

文案参考模板：好消息！这次呼声最高的竟然是 ×××！大家也太会选了吧！是不是“双 12”快到了？

我申请了两天，终于拿到了优惠！不过优惠多少，要看你们的点赞量哦！点赞越多，能申请到的优惠就越多！

评论区跟上：大家动动手指头，说不定我能申请到比携程、美团“双11”还要低的价格！靠大家啦！

这条朋友圈依然在告诉大家，这个活动参与的人数很多，并且引导大家点赞，吸引用户的注意力，最终目的就是让大家知道你们要准备做活动了。

接下来，第三天早上，继续在朋友圈预热：

早！昨天的朋友圈超过 100 人点赞了！我已经申请到了比 VIP、比“双 11”还低的价格！

今晚 8 点正式预售秒杀，扫码进群享受“5 折”福利，还有神秘礼物领取！

评论区跟上：数量有限！感兴趣的朋友抓紧时间进群，进不去的可私信我，我拉你进群。

接着，中午继续跟进一条朋友圈，可以写上：

××5 折秒杀活动，今晚 8 点正式预售抢购！还没进群的朋友快扫二维码进群！数量有限！没正式开团就被订了 100 多套了，群内还有其他礼物免费领取！

评论区跟上：朋友们快进群啦！千万不要错过了！

到了晚上 6 点的时候，再发一条朋友圈进行预热：

倒计时 2 小时，××5 折秒杀活动即将开始！还没进群的朋友快扫码进群！数量有限！没正式开团就被订了 100 多套了，群内还有其他福利免费领取！

接着，再追评前几天用户点过赞的那几条朋友圈，可以写道：久等了各位，看我最新朋友圈！××5 折活动出来啦！名额有限，大家赶紧进群，今晚 8 点开始抢购！

好了，以上就是售前预热的方法论以及落地方法，售前预热的重点就是 3 个步骤，分别是：活动调查、有奖竞猜、活动预告。预热目的是让用户注意到你们要做活动了，引起用户的兴趣并且促使他们参与。

## 2. 售中氛围营造

接下来就是第二个环节，售中氛围营造。这是快闪群成交很关键的一个环节。我总结了 4 个关键点，分别是：签到包、团接龙、订单雨、倒计时。我们一一来拆解为什么这 4 个是关键点。

（1）签到包。因为用户进群的时间是在抢购之前进去的，比如活动是晚上开始，用户是在白天进群的，可能他忙了一天，就忘记晚上有一个活动了，所以我们要发红包来提醒用户。红包一般很难被人拒绝，你发一个出来，问问大家在不在，第一是提醒用户活动要开始了，第二是红包很容易活跃群内的氛围。

（2）团接龙。目的是刺激用户下单，把从众心理提高到极致。团接龙可以分为两大部分，第一是活动介绍，第二是引导团接龙。

这里有一个小技巧，前几位的接龙，酒店自己可以安排几个人，在群内接龙，而且数量可以写 2~3 份，目的是打好基础，促使其他用户快速下单。

（3）订单雨。有了团接龙后，因为没有付款截图，有些用户会犹豫，所以这时候就要把付款截图晒出来。这时候你安排的酒店自己人就可以继续发挥作用了，把付款截图发出来，然后说已经下单了！促使其他用户也把付款截图发到群内，这拨刺激，会让还没下单的用户开始受不了，从众心理这时候就已经达到了高峰，用户会想，大家都买了，确实很划算，我也买吧！

这 3 个打法下去后，给用户的感觉就是不买就亏了！

以上 3 步走完后，仍然会有一些用户在犹豫，或者没有看到。最后，进行倒计时刺激。倒计时可以播放目前的进度。

（4）倒计时。

**倒计时话术参考一：**

活动进度播放！短短两个小时，已经卖出 200 套了，有不少朋友买了多套囤着明年用。×× 还剩最后 50 套。5 折秒杀，全网最低价格，有效期到明年 ×× 月。优惠仅限群内粉丝享受。卖完随时结束。

**倒计时话术参考二：**

倒计时最后两小时，活动即将结束。仅售最后 20 套！！抓紧时间！手慢即无。抢完马上结束活动！立马恢复原价 ××× 元。要下单的抓紧私信我。

这两个话术，可以一起用，先用第一段，再用第二段，用不同的话术进行刺激，来达成成交。

售中氛围营造讲完了，再总结一下：一共有 4 个关键的刺激，分别是签到包、团接龙、订单雨、倒计时，环环相扣，让从众心理达到极致，促使用户成交下单。接着，我们来讲最后一个环节。

### 3. 售后追踪

售后追踪，也就是活动结束后的 3 个跟进，分别是进度播报、用户反馈、预告下期。

（1）进度播报。

共分为两个步骤，第一步：如果你卖的是房间，把客户的信息登记整理好后，发给用户进行确认，如果你家还另外提供房券，就邀请已购客人填写地址，把房券寄出去。

第二步：在群内告知大家活动正式结束，对已经下单的用户会以私信方式一一进行确认，再告知什么时候会将此群解散，给大家一个结束的话术，做事有始有终。你可能会问，为什么群要解散呢？我留着以后用也可以。大家要知道一点，就是运营社群的成本是很大的，而且有 3 个痛点，一是活跃度低，二是运营难，三是成效慢。所以在你没有准备好如何去做这件事情的时候，不要去做社群。而刚刚讲到的快闪群，它的特点就是周期短、易操作、效果好，卖完了就解散，不给自己带来运营上的压力，也不给用户带来信息上的压力。

（2）用户反馈。

进度播报完成后，与已经下单的用户就进行了一次互动，因为他买了，所以这时候我们跟他沟通互动，他回复率是比较高的，可以顺便问问他之前住我们家酒店时体验如何，做这个动作的目的就是会有一小部分客人给你好评，而这些好评就是发朋友圈的素材。

（3）预告下期。

预告下期分为两种模式，分别是正式开卖和预告下期开群时间。

先说说正式开卖，也就是在朋友圈正式发售这个活动信息，让用户可以直接通过私信你购买。

**参考文案：**

×× 活动已经卖出 ×× 套了，上一条朋友圈有不少用户说错过了 ×× 秒杀活动，现在正式告诉大家，最后补货 15 套，6 折秒杀，卖完立即结束。

在评论区回复：要下单的朋友可以私信我。

这里要注意，要说明，因为之前是在群内做过预售，所以正式开卖的价格要比预售群内的价格高一点，比如预售群内是 5 折，那这里正式开卖是 6 折。这样就顺便回应了之前买的用户——你们最早买的是最便宜的。

还有一种模式就是预告下期开群预售时间，告知用户目前 ×× 活动秒杀已经结束，卖出了 ×× 套，我们去补货试试看，错过但又有意向的朋友可以在朋友圈点赞。等 1~2 个小时后，再发一条朋友圈，可以说告诉大家一个好消息，最后争取到了 30 套，5 折秒杀，×× 点开始抢购。

再在朋友圈追评：昨天做活动，1 小时卖出了 ×× 套，很多朋友囤着明年来用，超级划算。今晚最后 ×× 套，卖完正式结束。

## 三

## 实战案例分析

现在我以酒店邦去年做过的案例为例，跟大家再把快闪群成交的执行路径一起走一遍，以加深印象。

首先是快闪群成交，打算售卖的产品要满足产品上新、节日促销、收尾甩卖这 3 条中任意 1 条。当时我们选择了《收益管理》手册，这个之前没有推过，满足了产品上新条件，接着，我们打算第一拨进行 5 折预售，又满足了促销条件。

选择完产品后，第一天进行第一步售前预热，在朋友圈发出了一个有奖竞猜，上面写道：你喜欢哪款封面设计？评论区回复即可，随机抽 10 个送上小红包。最终这一条朋友圈有 80 多个人评论。

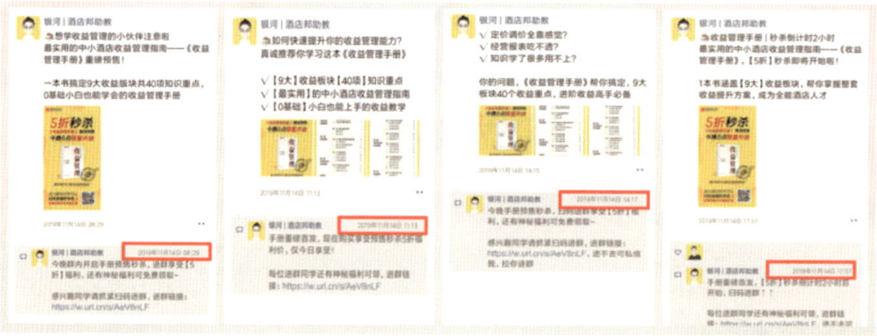

上午　　中午　　下午　　傍晚

第二天早上进行第二步售前预热，活动预告，告知大家这一块的新产品出来了，进群享受 5 折优惠，还有免费的福利可以拿，今晚正式预售。接着再在昨天的朋友圈内追评，也就是在有奖竞猜那条朋友圈下面评论，提醒这 80 个评论的用户，我们的活动要开始了，快进群。

发完这条朋友圈后，中午再发一条进行预热，文案的大致意思也是表明新品首发，进群享受 5 折秒杀价格。到了下午，再来一条售前预热的朋友圈，让大家扫码进群。到了晚上 6 点的时候，发最后一条预热朋友圈，告知大家倒计时 2 小时，正式要预售了，还没有进群的朋友快点进群。

预热完成后，最终是组建了 8 个 100 人的群。等到晚上 8 点的时候，开始售中氛围营造的 4 种刺激手段。首先是签到包，提醒大家活动要开始了。

其次是团接龙，下完单的朋友，我们都会邀请他在群内发“已付款”3 个字，目的是顺势制造火爆的现象来刺激下单。再次是订单雨，邀请部分用户在群内发付款订单，来进一步刺激其他还在犹豫的用户。最后，倒计时，提醒用户再不买，就没有这么优惠的秒杀价格了。

最终，两天时间，通过 8 个群，完成了 500 单。关于售后追踪，我们是直接正式在朋友圈开卖，正式开卖的价格比预售群的价格高一点点，目的是让用户知道进群一定是会享受到最优惠的价格，没有在群内买到的，也有优惠价，但是会比群内预售的高一点点。这样大家就都感觉平衡了。

你可能会疑惑，这种方法适不适合卖酒店的产品？这种方法很多行业都在用，新冠肺炎疫情期间内训班的很多学员通过这种方法实现了高效的成交，获得了很丰厚的回报。

# 第八章

8

# 用户裂变技巧

讲用户裂变技巧前，我们先梳理一下私域流量运营的思维逻辑。

第一步，养号，养成一个健康的号，防止被封，这是运营私域流量的基础，也是最重要的一个环节，没有这个步骤，后面做得再好，一旦被封，所有的用户就瞬间归零，而用户才是企业最重要的资产。

第二步，酒店门面——微信个人号的人设打造，目的是拉近酒店与用户之间的沟通距离，从而快速产生信任，让用户对酒店的形象、品牌产生好感。

第三步，沉淀所有上门用户，从入住前、在前台、在客房这 3 个场景进行引流。引流的同时，针对这些用户进行精细化运营，也就是打标签、改备注。

第四步，通过标签、备注、微信、PMS 系统、身份证等渠道来制作用户画像，画出自己酒店有复购率的用户是什么样子的，清楚什么样的用户会来订我们家的酒店。

第五步，搭建成交环境朋友圈运营，朋友圈是一个长期销售的环境，是做熟人和半熟人的生意，所以，我们要做的就是通过在朋友圈发消息让用户对酒店产生信任，发朋友圈提升信任的公式 = 专业 × 靠谱 × 亲密度。

第六步，提升成交效率——快闪群运营，它属于短期集中型，掌握 3 个关键环节，售前预热、售中氛围营造、售后追踪，进行短期爆发出单。

第七步，用户裂变技巧，裂变的目的首先是想通过活动来获取更多新的用户，其次是达到宣传效果。本章节主要讲这一部分内容。

裂变的活动设计一共分为 6 大步，掌握这 6 个步骤，就算你是“小白”，按照步骤去做，也能做出一些成果来。

一

# 用户裂变方法论

老规矩，首先还是给大家一个方法论框架（见下图）。确定诱饵，设计规则，启动渠道，传播形式，活动测试，活动总结，这6个环节，我们一一进行拆解。

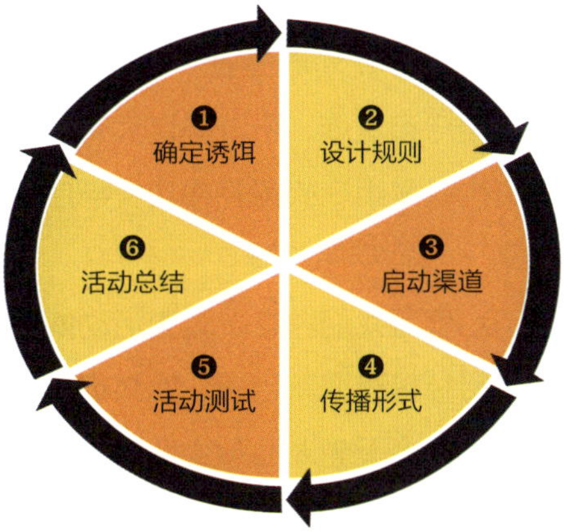


用户裂变活动设计步骤图

## 1. 确定诱饵

诱饵这个词语，我们在用户引流沉淀时提到过，指的就是让用户对你产生兴趣的东西。想让用户产生兴趣，就要知道，我能为用户提供什么价值，或者我能为用户解决什么问题。所以，在设计裂变活动时，第一步就要确定诱饵是什么。

在酒店行业里，我总结了几种诱饵：免费房券、免费早餐券、代金券、本地土特产、酒店里其他产品（比如带有温泉的酒店，那温泉票也是一个诱饵）、酒店其他礼品（定制的购物袋）、异业的产品（异业产品的提供基于你对用户画像的了解，了解够清楚，就可以去做，比如你家的用户是以亲子家庭为主，那你就可以跟亲子教育机构合作）。那大多数酒店普遍都能用的诱饵就是房券、早餐券、代金券。

## 2. 设计规则

确定好诱饵之后，就要设计规则了，规则明确才能执行下去。设计规则有 4 个关键点：

第一，活动价格。这个裂变活动是收费的还是免费的，那普遍来说，裂变活动是为了获取新用户和宣传，所以建议大家可以做免费的。

第二，活动形式，也就是用户如何算成功参与活动，常见的，既简单又有用的就是转发文案 + 海报到朋友圈。

第三，活动目标，也就是我们做这次裂变活动的目的是什么，如果你是第一次做，可以确定目标是获取新用户。如果你做过好几次了，你就可以设置一个具体目标，比如今天想通过裂变活动来获取 100 个新用户。

第四，回复话术，也就是提前设置好如何回复的话术。为什么这个要提前做好准备呢？你想想看，如果你的裂变活动海报发出去后，新用户加了你，你还要打字一个个回复，是不是效率很低？

## 3. 启动渠道

启动包括 3 个方面，启动时间、启动渠道、启动话术。

**启动时间：**指这个活动，我们要从什么时候开始做。通常建议是早上 8~9 点开始。

**启动渠道：**微信里的渠道有朋友圈、微信群、公众号、私信，建议大家可以从朋友圈开始启动。

**启动话术：**也就是你发出去的文案。这里大家要注意，渠道不一样，文案也要不一样。比如朋友圈的文案，跟私信发给用户的文案必须要有区别，因为朋友圈的文案更像是在做营销活动，广告味会浓一点，而发私信时，就要更加友好一些，不要让用户感觉到是很生硬的广告。你应该见过一些朋友，私信发给你一段话，一打开就是很浓的广告味。

### 4. 传播形式

也就是通过什么去传播我们要宣传的内容，常见的有两种形式，1 种是海报，1 种是公众号的文章。随着现在文章打开率的下滑，而且没有优质的内容很难被传播，所以建议大家直接用海报形式传播，会更加方便，也易上手。

### 5. 活动测试

指的是把以上的环节都设置完成后，我们先用自己的号模拟成用户走一遍流程，亲自体验一下，从自己扫海报上的二维码进去开始，看看流程是否存在问题。

### 6. 活动总结

活动总结可以分为 5 个部分：

第一，参与人数。指活动结束后，看看有多少人参与了这次活动，进行记录。如何判断参与呢？可以看看有多少人转发了海报。

第二，新用户人数。通过这次活动，记录有多少人添加了你。

第三，活动时间是否合适。记录这个的目的是你可以尝试多做几个不同时间点的启动时间方案，来判断对自己家酒店的用户来说哪个时间段效果会更加好。

第四，诱饵大家是否感兴趣。这个可以通过用户的参与度来判断这次活动的效果。

第五，流程是否可以优化。做完这次活动后，我们可以组织同事一起总结，看看活动中哪些环节是可以优化、可以完善的。

以上是整个裂变活动设计的 6 大环节，为了大家方便执行，我做了一张执行清单（见下表），大家可以对照这张清单（计划表），在做计划之前，先把准备工作填进去。

裂变活动执行计划表

| 裂变活动执行计划表 | | | |
| --- | --- | --- | --- |
| 执行人员 | | | |
| 第一步：确定诱饵 | 设计诱饵 | | |
| 第二步：设计规则 | 活动价格 | | |
| | 活动形式 | | |
| | 活动目标 | | |
| | 话术回复 | 话术 1 | |
| | | 话术 2 | |
| | | 话术 3 | |
| 第三步：启动渠道 | 启动渠道 | | |
| | 启动话术 | 朋友圈话术 | |
| | | 私信话术 | |
| | 启动时间 | | |
| 第四步：传播形式 | 哪些形式 | | |
| 第五步：活动测试 | 测试情况 | | |
| 第六步：活动总结 | 参与人数 | | |
| | 新用户人数 | | |
| | 多时段测试 | | |
| | 诱饵是否让人感兴趣 | | |
| | 流程是否可优化 | | |

二

## 用户裂变模拟实操

接下来，我们讲述一个案例，教大家具体该如何操作。

### 1. 确定诱饵

第一步，确定诱饵，我们选择酒店本身就有的，诱饵是 5 间免费房间。

### 2. 设计规则

第二步，设计规则：

（1）活动价格：用户免费参与。

（2）活动形式：用户转发活动海报即可参与抽奖。

（3）活动目标：微信个人号当天增加 100 个新用户。

（4）话术设置：

**话术 1：**你好呀，我是 ×× 酒店管家琪琪，你是要参加 ××× 活动吗？回复“酒店”，获取活动规则。

**话术 2：**欢迎参加 ××× 活动，活动规则如下：转发下方文字 + 图片到朋友圈，再截图发给我，即可参加“免费住”抽奖活动。

这里要注意，为了方便用户能快速发朋友圈，朋友圈的文案和图片要准备好，这样用户直接复制你的内容就可以马上转发。用户转发完之后，截图发给你，这时候，你可以人工审核一下，确实完成了，就可以接下面这段话术。

**话术 3：**恭喜你完成任务啦，请点击抽奖，明晚 8 点会公布获奖情况。温馨提示：若中奖，工作人员会再次审核朋友圈是否有完成任务的情况，如果没有的话，会被视为中奖无效。这个提示目的就是防止用户转发完之后就秒删，所以可以加上这一条话术提醒。

### 3. 启动渠道

第三步，启动渠道。

启动时间可以选择 8：30~9：30 直接开始。启动渠道一般可以先从朋友圈开始，如果效果好，可以再私信群发，群发的话术跟朋友圈的话术要不一样，区别在于私信的话术要更友好，而不是纯广告。

**朋友圈文案：**

来给大家送超级福利啦！原价 ×× 元的 ×× 房间免费住！老板这次真的割肉了，大家千万不要错过，扫码图中回复“酒店”二字，获取报名资格！追加评论：房券有效期到 ××，赶紧扫码！

**私信文案：**

早呀，有一个超级大的福利担心您错过，想来告知一下您，酒店今天出了一个免费住的活动，也知道您经常来住，您感兴趣的话，可以回复“酒店”二字，即可获取参加规则。

这段话术虽然也带有广告味道，但是，比起朋友圈的文案，就会稍微好一些，更人性化一些。

### 4. 确定传播形式

第四步，确定传播形式。传播形式有很多种，这次我们选择海报，因为海报在朋友圈传播更加直观和便捷（后面我们会讲到如何制作一张好的海报）。

### 5. 活动测试

第五步，做活动测试。

以上步骤完成之后，我们用自己的号全程走一遍流量，扫一下海报添加，看看客服号会不会在添加时自动回复，然后发送关键词，看看是否会回复，接着再测试抽奖的小程序，看看会不会出现其他问题。这些测试的动作一定要做，不要在大脑里默认走流程，而是实际走一遍，而且要管理者带员工一起走一遍流程。

关于抽奖，有两种方式，一种是用抽奖小程序，此类小程序有很多，但是用小程序之前自己内部一定要先测试一下流程。另外一种方式，就是在用户完成任务后，邀请入群，告知在某个时间点会进行抽奖活动；到了那个点后，在群内以发红包的形式来抽取一等奖，比如群内有 100 个人，你发 1 个红包可供 30 个人领取，手气最佳的就是一等奖；这种方式的好处就是，用户看着很直观，能让大家觉得这个很公平，没抢到的就是没抢到，抢到的数字小的就是小的，大家都能看得到。另外分享一些经验，如果你的奖品分 1、2、3 等级，干脆就发 3 个红包，每个红包手气最佳的那位就是中奖的，这样做能快速辨别谁中奖了，而且不会出现两个相同的第 3 名。

### 6. 做总结

完成以上 5 个步骤后，就可以开始做裂变活动了。裂变活动结束后，还要跟同事一起做个总结。

第一，记录下这次活动有多少人参与了。有多少人参与可以去数一下有多少人私信你了，目的是看看这个活动的吸引力怎么样。

第二，有多少新用户加你。要先记录初始好友数量，也就是活动开始前的好友数量。

第三，总结活动时间。比如这次活动是早上开始的，那下次活动下午开始，再下次傍晚开始，各时间段都可以进行测试，最终判断出最适合你的活跃时间段。

第四，诱饵是否让人感兴趣。这个可以根据这次活动参与的人数进行判断，比如有好友 3000 人，结果只有 10 多个人参与，那就要去想想是不是我们的诱饵不够打动客人。当然，诱饵是可以设置很多个的。

第五，流程的优化。通过一次裂变活动，我们管理者要跟员工一起总结这次活动，哪里可以优化流程，哪里可以让用户更快地触达和理解我们要表达的文案意思。总结的方向就是，尽可能让用户帮助分享传播，尽可能让用户能快速去执行，尽可能让用户能迅速理解我们要做什么活动。

比如，刚刚我们模拟设计的这个活动，诱饵是 5 间免费房，通过抽奖的方式进行。也就是说，还会有大部分人是得不到奖品的，对吧？所以参与度可能会低。站在用户的角度去想想，想让用户都尽可能参与进来，那我们的诱饵是不是还可以设计得更多一些？这就是在优化流程和诱饵的设计。那我们想让更多的人参与进来，提高裂变的效果，就可以再加一个代金券的诱饵，这个代金券入住时可以直接抵扣，而且抵扣后的价格是比平台上便宜的，比如凡是转发海报到朋友圈的，就可以每人先得到一份代金券，抽奖免费住则要看运气了。

再比如，你的活动形式可以是：第一天转发海报，转发海报的用户可以 100% 获得一份 50 元代金券，可直接抵扣房费；第二天继续完成转发的，可以参与免费住的抽奖活动。这种方式就是让用户传播了两次。

因为大多数学员是第一次接触裂变，所以以上模拟的是一种比较简单的易操作的裂变形式，大家可以根据酒店自己能提供的产品去设计，去尝试做一次。做的时候，一定要管理者带头，因为你是第一次，员工也是第一次，只命令下面的人去做，你还是不清楚具体情况是什么样。

三

## 5 种常见的裂变形式

接下来，跟大家说说很多其他行业在玩的几种裂变的方式，因为底层的逻辑是相同的，所以有必要跟大家讲讲，可以给大家做一个参考。

### 1. 第一种，转发群 / 朋友圈

优点：

（1）用户完成任务的概率大。

（2）裂变快、效率高。

缺点：

有可能用户转发完后就删除了或者分组可见。所以上面我们模拟的那个案例就提到，如果抽到奖了，要审核你的朋友圈是否完成任务，促使用户不要删除朋友圈信息。

### 2. 第二种，转发朋友圈集赞

优点：在原来基础上加强可见率，大家应该或多或少地都做过类似活动，特别是一些儿童培训机构和餐饮店这类活动做得挺多的，会让你去集赞。

缺点：单纯只是集赞，只能做到宣传效果，但裂变的效果会差一些。

### 3. 第三种，群满 ×× 人可得 ××

也就是把想参加活动的用户先邀请进一个群，然后设置一个阶梯

礼物，让用户把人拉进来，比如拉人进来满 200 人，会送群内所有人 ××，满 300 人，会送所有人 ×××。这里以满多少人就送所有人什么什么为结果。

优点：

激发有能力者积极性，有些能力强、意愿度很高的用户会很积极，比如离 200 个人还差 30 个人了，这类人会在群内吆喝“大家加油完成任务”。

缺点：

（1）会对新用户造成打扰，因为新用户是被其他人拉进来的，有些可能是不知道为什么进来的。

（2）进来的人不一定是精准用户。

## 4. 第四种，拉 ×× 人进群可得 ××

这是以个人为单位，先把一批想参加活动的用户邀请进群，然后告知他们，比如每个用户如果邀请了 3 个人进群，就可以获得 ×××。

优点：给每个人制定具体的目标，避免部分人吃大锅饭。

缺点：会打扰到新用户。

## 5. 第五种，每拉我进一个 ×× 群可得 ××

这是一种让用户邀请你进入他的圈子的方式，目的是你可以进入用户的圈子，去添加他圈子的人，也可以知道他圈子的人在做些什么，聊些什么。这类方式，微商经常用。对于酒店来说优缺点如下：

优点：可以了解自己的用户群体在聊些什么，对什么感兴趣。

缺点：不一定每个用户都有群。

以上就是我总结的 5 种裂变的玩法。如果你第一次接触，可以先试试一开始讲的那种方法，从基础的开始做起。

好了，讲完了裂变的流程和方法，相信你已经大致了解了其中的逻辑，但是从知道怎么做，到具体实践落地，这中间有一条巨大的鸿沟，也就是很多酒店朋友没有这么强的意愿和想法去做这件事情。期待你能迈出那一步，就算没有做好也没有关系，我第一次做裂变的时候，也是很糟糕，都是一次次练习后才熟练的。

# 第九章

# 9

# 高转化海报设计

一张优质的海报往往能提高曝光、提高转化、提高参与度。但大多数酒店人都没有站在用户角度去设计制作海报。

你不用担心海报设计会很难，我总结了制作海报的 4 个误区和 4 个重点，小白听了也能马上学会。

## 一

## 海报设计的误区

如何制作一张高转化的优质海报？可能你会说，这个有什么可以学的呢？做海报不是很简单吗？把活动介绍放上去，再取一个主题不就出来了吗？如果你这么认为，就大错特错了。

我搜集了一些酒店的海报类型，先帮大家分析一下，看看你是否也犯过这样的基础错误。

朋友圈海报

### 1. 误区 1：主题不突出

把海报发到朋友圈，如果主题不能一下子让客户看到，等于是无效的海报。如左图这张海报，写着温泉度假村五个大字，其他信息却无法一下子看清楚，它想告诉用户什么，是没有说明白的，无法击中用户的兴趣度，从而导致用户点开这张海报的概率降低，一旦点开的概率低了，参与度就自然下降。

## 2. 误区 2：主标题字体太小

大家可以看一下海报图发在朋友圈里的效果，一般用户刷朋友圈，不会这么有耐心停下来多看你几眼。如果你的海报无法让用户第一眼就看清楚海报的主题，就会大大损失点开率。所以字体足够大，让用户能第一眼看清楚极为重要，要 1 秒钟锁定用户，让用户看到你。

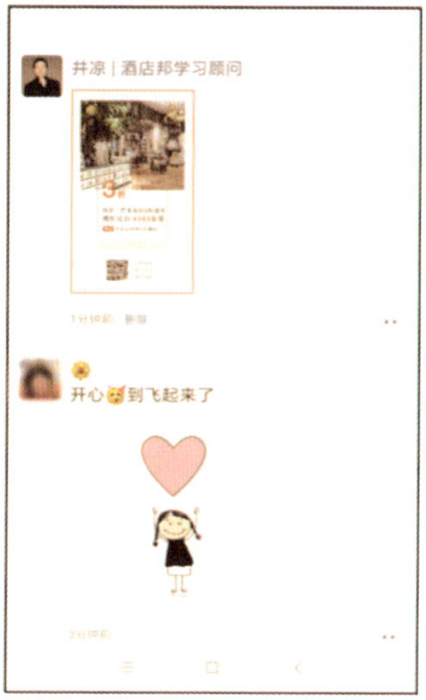


## 3. 误区 3：活动介绍密密麻麻

我之前拜访过几个做酒店的朋友，我说你为什么要把活动介绍在海报上写得密密麻麻呢？他说，不全部写清楚，担心客户不知道我们酒店有这么多好东西啊。

你是不是也是这么想的？这其实是常见的基础误区，你越是把介绍写得详细，字越多，效果越不好，因为给客户的压力太大了，他没有心思看，从而就直接把你的活动海报给忽略了。

你可以想想看，给你看一张写得密密麻麻的介绍，你有多大概率会去看完？将心比心，我们必须要站在用户的角度去设计海报。

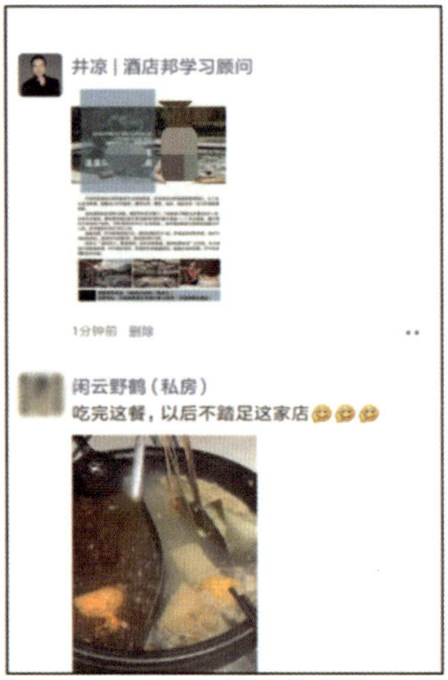


## 4. 误区 4：放多个二维码

你做海报的目的是什么？如果是卖产品的海报，目的是要把产品卖出去；如果是裂变海报，目的是要裂变，增加用户；如果是祝福海报，目的是展现自己的酒店品牌。

如下页图，海报设计完了，最后放了两三个二维码的，我好奇地问那个店长，为什么要放这么多二维码，他说一个是集团公众号，一个是酒店公众号，一个是微信个人号。

我就反问他，我说，你自己试过“长按图片扫码”吗？扫出来的是哪个？他惭愧地说没有。这其实就是给用户制造麻烦，大大降低了用户的参与度。最后，如果能放二维码就放二维码，其次是联系电话，扫二维码的决策速度比打电话要快。

## 二 优质海报结构拆解

说完了这 4 个基础误区，接下来跟大家说说如何做出一张优质海报，我把它拆解成 4 个重点模块，分别为主标题、副标题、内容层和行为层。我们一个个说。

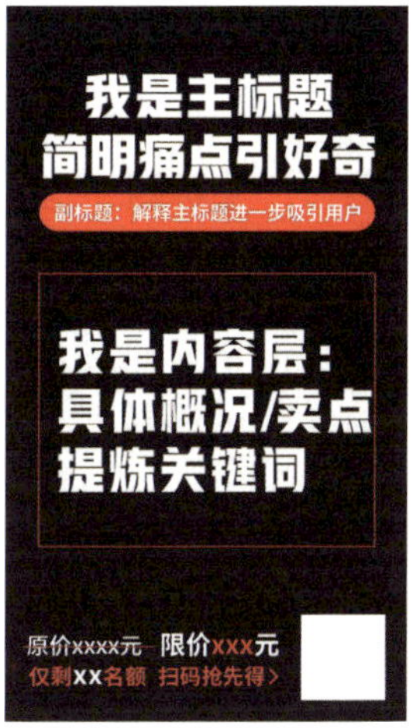


**重点一：** 主标题

（1）是否足够大、足够明显。

（2）是否吸引眼球、利益点明确。

（3）是否能击中用户痛点。

那如何测试标题是否足够大、足够明显？

把做完的海报发到朋友圈，亲自看一下就能验证。

**重点二：**副标题

（1）是否能对主标题有解读功能。

（2）是否能增强信任感。

（3）是否有信息增量，也就是能不能进一步让用户了解更多的信息。

**重点三：**内容层

（1）列出关键词，是否命中痛点。

（2）是否有提炼概括。

（3）是否能增加信任感。

**重点四：**行为层

（1）与内容层或标题层是否有明显区分。

（2）是否突出扫码能获得的利益。

（3）是否能增加紧迫感。

（4）是否有“确定感”和“指令感”。

下面以酒店邦平时所做裂变活动海报为例进行详细说明，大家可以做一个对比。

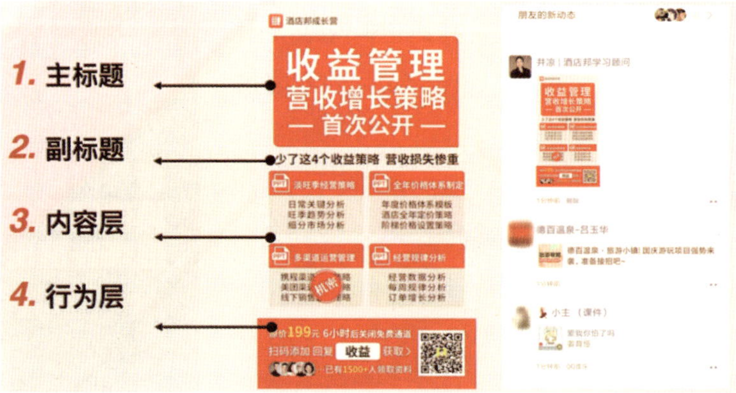


酒店邦裂变活动海报

**主标题：**

“收益管理”，字体足够大，足够明显；“营收增长策略”，利益点明确，击中用户痛点；“首次公开”，吸引眼球。

**副标题：**

“少了这 4 个收益策略，营收损失惨重”，对主标题做进一步解读，让用户了解了更多的信息。

**内容层：**

共有 4 份课件，每个课件有 1 个主题和 3 个小标题，做到了列出关键词，命中用户的痛点，并且提炼概括简洁明了，让用户一下子就知道这张海报想表达什么。

**行为层：**

行为层的整个区域底色用红色，与内容层有明显区分，让整个海报结构更加清晰，用户浏览更舒服。“原价 199 元，6 小时后关闭免费通道”，增加了紧迫感，“扫码添加回复‘收益’获取”，告诉用户该如何获得，“已有 1500+ 人领取资料”，不仅增强紧迫感，又给客户一种确定感——已经有这么多人领了，难道你不免费领一份？

我们再来看一个案例，一家温泉酒店做了一个周末卡的活动，海报点进去后我看到，很多写的内容是无效的。什么是无效的？就是没有把这个卡的重点价值突显出来，没有写用户为什么要买，只是写了一堆可以说对转化率没有提高的废话，比如里面写可以开发票，有效期内使用，挂失要带身份证之类的，这些都是对提高转化没有效果的。我们拿这张海报做个案例，我按照上面的信息提炼了一些关键词，也就是能打动用户的信息，做了一个新的版本出来。大家可以对比一下这两张海报（见下页图），哪张海报让你更直观、更快速地接收到有价值的信息？很明显是修改后的海报。

温泉酒店活动海报　　　　修改后的海报

修改后的这张海报的结构就是刚刚讲到的，很清晰，主标题是什么，内容层是什么，行为层是什么。掌握这个底层逻辑结构，设计起来就很简单了。

有些酒店人会说，我们是小酒店，没有专门的美工设计海报怎么办？之前给大家推荐过一个工具，自己就可以制作，也就是“稿定设计”，进网页后就可以自行设计制作。

除了“稿定设计”，还有“创客贴”，也是一个海报设计的软件。还有“微商水印相机”，是一个手机 APP 设计软件，操作起来也很方便。

第十章

10

# 传统酒店私域运营全案

对石家庄国际大厦来说，2020 年，经历了一次意外的突破和创新。石家庄国际大厦是一家有着 32 年历史的传统星级酒店，在不断试错的转型过程中，终于在 2020 年 11 月完成了私域流量运营体系的雏形。

2020 年 4 月，石家庄国际大厦的核心管理层集体学习私域流量运营；6 月“6·18”第一次全民购物节，酒店通过私域流量完成 10 万元营收；11 月，在“双 11”期间，酒店通过半年沉淀的私域流量完成了近 200 万元的营收，超过了当地的其他国际星级酒店营收。

从“6·18”的 10 万元到“双 11”的 200 万元，恰好是“10 倍速”的增长，这就是创新带来的力量。

我们在拼命追求 5% 或 10% 的营收增长时，常常会陷入一个困境：被这个指标限制了自己的想象。为了帮助更多的酒店能学习到行业标杆酒店的私域运营方法，现在将石家庄国际大厦的整个项目从 0 到 1 的操盘内容分享给你，希望你的酒店也能走上转型的正确道路，从而实现业绩上的提升。

★ 一 ★

# 石家庄国际大厦背景介绍

石家庄国际大厦成立于 1988 年，位于石家庄市中心，除酒店以外，旗下还有多家餐饮品牌，有东方红海鲜自助餐厅、谭家菜餐厅、红鱼湾餐厅、日料餐厅、鲜鲜坊烘焙等。

30 多年来，石家庄国际大厦一直在产品研发端投入大量的人力和物力，致力于打造让客人满意的产品。

其旗下的东方红海鲜自助餐厅是当地非常有知名度的自助餐厅，每逢周末几乎是必须要排队等位。

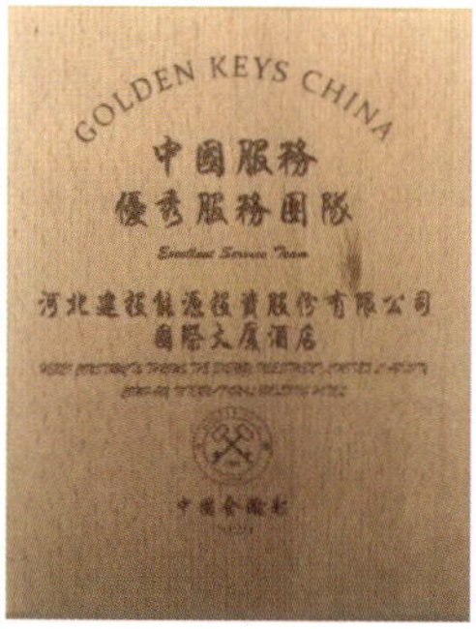

因为产品的品质好，客户口碑传播为酒店带来了长期的品牌声誉积累。但是，在这么多年的经营过程中，跟大多数酒店一样，石家庄国际大厦碰到了几个困境：

（1）没有想过将这些到店的客户（流量），囤入酒店自己的流量池里进行深入挖掘和维护。

（2）虽然建立了自己的会员系统，但只是存了一个数据在数据库里，无法实施精准触达，发短信的方式已经成为过去时，效率低。

（3）员工、管理者没有系统学习过私域流量，再加上本身的工作繁忙，就更没有精力和时间去做这方面的运营，特别是引流和维护这块。

流量是生意的基石。对于这家酒店来说，其本身实体门店（住宿、餐饮）就具备了大量的流量入口，是完全可以体系化地搭建私域流量的。

但在酒店品牌、产品定位、线上人设打造、店内引流、用户线上线下体验、口碑裂变、精细化管理、工具应用等方面，都需要系统的运营流程。

## 二

## 石家庄国际大厦私域流量运营目标

石家庄国际大厦的私域流量运营目标有以下 3 点：

石家庄国际大厦希望从传统的运营模式进行转型，特别是在营销和服务端做出新的突破。把私域流量作为一个切入口，聚焦在这一点上进行深入，再小的一个点，一旦突破就是另外一个新世界，无限小即是无限大。

希望进行私域体系化建设，构建起一套标准化的流程，实现与客户之间的长期强关系，延长用户生命周期，持续挖掘客户的复购及转介绍能力，最终构建自己品牌的护城河，从而实现业绩上的稳定增长。

每周、每月进行私域流量运营总结会议：每个月制定加粉数量的KPI，并且记录运营的细节，如每天线上服务多少人、来自微信的收入是多少、做了哪些营销动作、每日的朋友圈是否有更新等。

三

# 石家庄国际大厦私域流量运营实操

围绕上述私域流量运营目标进行了以下方面的具体操作。

## （一）品牌

### 1. 品牌信息

石家庄国际大厦的酒店品牌定位是服务于商务及家庭人士，把最优质的服务和产品提供给用户，是一家拥有好口碑并且不断走在创新路上的老字号品牌。

### 2. 产品定位

石家庄国际大厦旗下的每个产品定位都有自己的特色。

比如在住宿这块，专门成立了金钥匙服务和管家服务，携程评分常

年保持 4.8 分；旗下的谭家菜主打中高端客户，11 个包间基本每天爆满；红鱼湾主打情侣、家庭用餐；东方红自助餐有 200 多个餐位，主打本地最新鲜的海鲜食材。

## 3. 用户调研

每个产品使用者的背后，一定会有一批长着“相似特征”的用户人群，我们需要了解他们的年龄、性别、常住地址、住宿目的、职业、职位等级，还有兴趣爱好等信息。

这些信息对酒店后期进行营销活动和提供个性化服务有非常大的帮助。用户的沉淀数量会越来越多，我们需要做的是把 80% 的精力花在 20% 高价值的用户身上，往往这 20% 的用户能创造 80% 的价值。

石家庄国际大厦的每个业务单元，各自对自己的高复购人群进行了整理，一般复购的用户画像制作可以分为三步：数据搜集、共性汇总、画像呈现。

| 序号 | 姓名 | 性别 | 年龄 | 地区 | 职业 | 入住次数 | 消费金额（元） | 入住原因 | 喜欢/爱好 | 关心什么话题 | 还会出现在哪里 |
|---|---|---|---|---|---|---|---|---|---|---|---|
| 1 | [redacted] | 女 | 28 | 广州 | [redacted] | 10 | 3690 | 商务出差 | 美食/护肤 | [redacted] | [redacted] |
| 2 | [redacted] | 男 | 39 | 浙江 | [redacted] | 2 | 1596 | 家庭出行 | 旅行 | [redacted] | [redacted] |
| 3 | [redacted] | 男 | 45 | 石家庄 | [redacted] | 3 | 1187 | 商务接待 | 养生 | | |
| 4 | [redacted] | 男 | 32 | 北京 | [redacted] | 1 | 778 | 商务出差 | 电竞 | [redacted] | [redacted] |
| 5 | [redacted] | 男 | 35 | 本地 | [redacted] | 1 | 588 | 商务接待 | 篮球/美食 | | |
| 6 | [redacted] | 男 | 34 | 北京 | [redacted] | 3 | 1104 | 商务出差 | 旅行/金融理财 | | |
| 7 | [redacted] | 女 | 28 | 天津 | [redacted] | 1 | 459 | 旅行 | 美食 | [redacted] | [redacted] |
| 8 | [redacted] | 女 | 35 | 北京 | [redacted] | 2 | 898 | 商务出差 | 旅行/阅读 | | |
| 9 | [redacted] | 男 | 33 | 北京 | [redacted] | 1 | 349 | 商务出差 | 旅行 | | [redacted] |
| 10 | [redacted] | 男 | 38 | 北京 | [redacted] | 1 | 389 | 商务出差 | 亲子 | | |
| 11 | [redacted] | 男 | 42 | 石家庄 | [redacted] | 1 | 349 | 商务出差 | 养生 | | |
| 12 | [redacted] | 女 | 33 | 石家庄 | [redacted] | 1 | 429 | 商务出差 | 瑜伽 | [redacted] | [redacted] |
| 13 | [redacted] | 男 | 37 | 石家庄 | [redacted] | 2 | 678 | 商务出差 | 竞技 | | |
| 14 | [redacted] | 男 | 43 | 天津 | | 3 | 1189 | 商务出差 | 珠宝 | [redacted] | [redacted] |
| 15 | [redacted] | 男 | 35 | 石家庄 | [redacted] | 1 | 449 | 商务出差 | 养生/亲子 | | |
| 16 | [redacted] | 男 | 39 | 石家庄 | [redacted] | 1 | 588 | 商务出差 | 理财 | | |
| 17 | [redacted] | 男 | 37 | 石家庄 | [redacted] | 2 | 738 | 商务接待 | 运动/足球 | [redacted] | [redacted] |
| 18 | [redacted] | 男 | 33 | 北京 | [redacted] | 1 | 349 | 商务出差 | | | 机[redacted] |
| 19 | [redacted] | 男 | 35 | 香港 | [redacted] | 7 | 2443 | 商务出差 | 旅行/健身 | [redacted] | 机[redacted] |
| 20 | [redacted] | 男 | 50 | 重庆 | [redacted] | 6 | 2388 | 商务出差 | 养生/旅行 | | 机[redacted] |

完成这一步后，会发现不同产品生成出来的复购画像也是各不相同。

## （二）个人号人设打造

我们平时都很注重酒店的线下门面展示，俗称：不能太 low。那在线上也是一样，品牌门面展示同样要遵守“不能太 low”的原则。在人设打造方面，有 4 个关键要素：头像、昵称、个性签名、背景。

**头像：**具备服务管家的形象，真实人物的出现会更有温度。

**昵称：**要附上品牌名 + 昵称，便于随时展示酒店，也便于用户在微信端找到你。

**个性签名：**要表明你的品牌价值观或能为用户提供什么服务。

**背景：**这是一个强化酒店品牌的“广告位”。

在这么一件事情上，石家庄国际大厦的各部门负责人进行讨论，提报方案，所有微信号人设打造均由一把手亲自审核、筛选、确认。

要让用户感觉到这是一个有温度的管家号，跟自己聊天的是一个真实的人物，而不是机器人。

## （三）门店引流

在线下门店里，引流是非常重要的一个环节。引流一定要遵守一个原则：双赢，也就是让客户先得到一个好的服务体验或高价值的福利，然后酒店再顺势加上微信。

千万不要为了加粉而加粉，我见过不少的酒店朋友，传达给员工这样的信息：无论用任何办法都要加上客户微信。这样最终有可能会发生一种情况：被客户投诉。

石家庄国际大厦把社群运营作为一种引流的手段，也就是不把社群运营作为最终目的，而只是把它作为一个引流的载体。比如在餐饮这个板块，设置了各种定期霸王餐及半价餐的诱饵，那客户如何获得这个福利？

用户引流路径：

第一步，客户看到引流的物料发生兴趣。

第二步，扫码添加微信。

第三步，管家邀请进群。

第四步，定期在群内送福利。

这个引流路径一定要越短越好，诱饵越清晰就会越高效。不要给用户造成过多的干扰。

在这个过程中，最省钱的诱饵是酒店自有产品，因为这个成本更加可控，最终平摊后，每个获客的成本其实没有多少。

比如你花了 400 元营销费用，加了 400 个客户进微信号，加粉成本是 1 元 / 个，其实已经是非常非常少了（行业内获新客成本普遍在 5 ~ 20 元不等，在其他行业甚至有高达上百元的）。

## （四）组织结构

酒店要搭建私域流量的运营体系，一定绕不开组织结构这件事情。如果不调整组织结构，不明确具体工作安排，那么这件事到底谁来统筹负责会变成模糊地带。没有专人负责，时间一长就会出现踢皮球的现象。

石家庄国际大厦作为一家传统星级酒店，大概有 500 多位员工，要推动下去就必须要做一个动作：从各部门中挑选 3 人，成立一个私域流量运营部（该酒店称为企划部），独立进行运营。

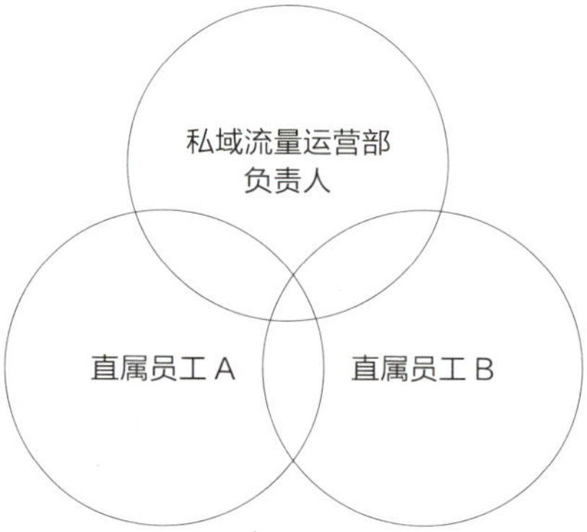

为什么要独立运营？因为这是一个全新的探索和尝试，不能用原来的体系去执行和观察。

创新，是做了再说，边做边调整，小步子快跑。只要这件事情符合底层逻辑，就基本错不了。

什么是底层逻辑？流量是生意的基石，把客户囤在酒店自己手上，保证能随时触达。这些都是底层逻辑。让这 3 位先行者大胆地去尝试、去跑，因为谁也想不到下一步会出现什么样的结果。拥抱变化，拥抱不确定性，去接受新事物并且一定要有行动。

如果你只是说：我知道这个东西，它最近很火。那然后呢？见过太多酒店朋友说这类话了。可是，那然后呢？你有具体的行动吗？

### （五）朋友圈运营

朋友圈运营，是日常维护客户的一种途径，因为你发朋友圈一定会有一部分客户看到。朋友圈，我们不能想当然地把它作为一个成交场景（全是广告），而是要把它作为一个体现品牌价值、产品价值、生活价值的场所。这个场所工作重在与客户建立长期的信任桥梁。

那发朋友圈是不是可以想到什么就发什么？你要这么做，当然可以，但这类做法比较适合小而美的民宿。

如果在一家传统酒店中运营，一定会面临考核以及 SOP 标准化（操作流程标准化）。SOP 的本质是为了提升运营效率。

石家庄国际大厦建立了每周朋友圈运营的计划表（见下页表），提报给私域流量运营部。运营部按照每周的计划发朋友圈，这样执行下来有一个明显的效果：让所有员工渐渐意识到这是一件重要的事项，而非儿戏。

朋友圈的发布计划中，内容包含酒店产品、员工生活、学习打卡、新闻信息、知识分享、客户好评等。

朋友圈运营周计划表

| 私域流量运营发布内容计划 | | | | | | |
| --- | --- | --- | --- | --- | --- | --- |
| 2020年11月[redacted] | | | | | | |
| 业务单元：[redacted] | 渠道 | 星期一 | 星期二 | 星期三 | 星期四 | 星期五 |
| 8:30之前 | 朋友圈 | 早安问候 | 早安问候 | 早安问候 | 早安问候 | 早安问候 |
| 15:30 | 朋友圈 | 养生小知识 | 特色菜品介绍 | 峰叔带你享美食 | 餐厅环境介绍 | 养生小知识 |
| | 社群 | 用餐礼仪 | 餐厅环境介绍 | 活动介绍 | 特色菜品介绍 | 活动介绍 |
| 10:00 | 视频号 | | | 餐厅环境宣传视频 | | 菜品视频 |
| 10:00 | 抖音号 | 餐厅环境宣传视频 | | | 特色菜视频 | |
| 21:30 | 朋友圈 | 晚安心语 | 晚安心语 | 晚安心语 | 晚安心语 | 晚安心语 |
| 注：（1）时间段各业务单元根据发布需要填写 | | | | | | |
| （2）朋友圈和社群按照实际发布内容填写 | | | | | | |

## （六）用户精细化运营

把客户引流进来后，一件看起来简单却烦琐的事情就是给这些客户打标签、改备注。这件事情非常重要，如果在日常工作中经常忽略，时间一旦长了后，会给后期的运营造成很大的压力。

比如你无法分辨这个客户是从哪个渠道来的、有哪些喜好、来过几次、谁推荐的等等。

另外，一个微信号可能是几个不同的员工轮班运营，如果你没有统一打标签改备注的格式，那 A 员工按自己的做法改，B 员工按自己的习惯改，C 员工接手后就有可能看不懂这些打的符号是什么意思。

所以，标签、备注、描述等都需要统一格式、标准化。这件事一定要在每日完成，不要堆积，明天会有明天的新客户。

## （七）私域营销运营

经过以上日积月累的执行，截至 2020 年 10 月底，石家庄国际大厦顺利地完成了 2 万人的积累，建立起了 30 多个社群。在 2020 年“双 11”，迎来了大爆发，目标是完成 50 万元营收，结果第一天就突破了 100 万元营收，最终 3 天完成近 200 万元营收，卖出 4000 多份订单。

更重要的是这成绩仅仅依靠私域流量这个渠道，并没有跟其他渠道合作。

## 1. 确定产品组合

在“双11”做活动，最终目标是要把东西卖出去，所以推广的节奏就很重要。这个节奏来自你的事先计划，计划可以在过程中做调整，但一定要有。

从2020年9月开始到10月初，石家庄国际大厦管理层内部进行了3轮的“双11”方案修改调整。最终确认组合了多达几十款产品。

比如有自助餐、家庭套餐、老年人半价套餐、次卡套餐、储值卡套餐等。

这几十款并不是大统一，大致可以分为 3 种类型：

**（1）引流款：** 以引流吸粉为主要目的，用超高的性价比、限时限量地吸引客户的眼球。

**（2）主打款：** 价格比日常更加亲民，有效期更长，使用限制更少。

**（3）潜在爆款：** 根据往期高复购用户人群画像，发现家庭人群、中高端商务人群有集体出来消费和宴请的需求，于是就打包了一个更高价位的大包装。

## 2. 启动渠道

完成产品组合后，接下来就是要确认推广渠道，渠道也意味着我们要在哪些场景去触达客户。把这些渠道一个个列出来，石家庄国际大厦自有的触达场景有两大类。

**酒店类：**

（1）微信个人号；

（2）微信公众号；

（3）微信社群；

（4）店内物料。

**员工类：**

（1）员工私人微信号；

（2）员工的朋友圈。

那如何让员工也愿意主动去推广产品？

设置个人奖励提成，这就是全民营销模式。每个员工私人微信号上也有很多潜在客户，像“双 11”这类全民购物节，多多少少都能创造一些产值出来。

那如何激发所有部门主动推广产品的意愿？

设计好 KPI 考核指标以及各部门的竞赛模式，把实时的销售数据进行公开展示，让大家自然形成一个个战队去冲击排名：部门名次和个人名次。

人性几乎都是好胜的，合理地激发人性本能，可以创造出更大的推动力。

### 3. 确定时间节点

接下来就是每个环节的时间节点推进及确认，并且要形成计划表，做好事先准备，比如：

（1）什么时候开始预热？

（2）什么时候开始推广？

（3）什么时候做裂变？

（4）每天几点发朋友圈、发什么内容？

（5）素材、物料什么时候完成？

先胜而后战。当我们要打一场仗的时候，不要为了打仗而打仗，而是在有把握的情况下再去打。

那如何让自己有把握？

我们唯一能做的，就是在还没开打之前提前做好足够充足的准备，让自己自然而然地进入一种状态：虽然还没开始，但这场仗赢面很大。

如果你说，我每次都有准备啊，但没有这种感觉。那大概率可能是你的准备不够充分，或许压根就没有把这件事作为非常重要的事来对待。

### 4. 全员培训

如何让员工们重视这件事情？

（1）召开大会，先进行全员培训，传达这件事情的重要性以及有哪些产品可以进行推广。

更重要的是明确整个酒店的大目标，明确个人的奖励，明确部门的奖励，明确竞赛排名的方式，让大家有动力去做这件事。

（2）各部门负责人在每日的部门会议中同步告知活动的推动情况，以及员工要做哪些事情。

## 5. 场景布置

这次活动计划在 11 月 1 日开始抢购，所以我们必须要提前进行预热，把感兴趣的用户提前引流到微信个人号里，从而去达到瞬间爆单的状态。

物料的布置是非常重要的一个环节，我们要遵循一个原则：只要是客人停留的地方，都要设置引流的诱饵。

多场景地去触达客户，只要有触达，就会有一定比例的转化。

石家庄国际大厦在 10 月中下旬就开始在各楼层公区、大堂公区、门口 LED 屏、吊挂广告、餐桌等位置摆放了各种引流的物料。

## 6. 竞争对手观察

除了酒店自己的准备以外，还有一个情况不能忽视，那就是要观察竞争对手酒店在做些什么动作，他们组合了什么产品，打算什么时候开始推广等，这些信息都要去实时了解。所谓知己知彼，百战不殆。

## 7. 正式推广

经过以上的预热和引流，积累了 10 多个“双 11”抢购群。预售当天上午 10 点正式抢购，所有私域渠道进行同步推广，仅仅 12 个小时就完成了超过 100 万元的营收。

由于第一天是第一波的高峰冲刺，在第二天和第三天就很快碰到了流量的瓶颈，也就是之前积累的流量基本都触达完了。

于是就开始边做裂变边进行促单活动。原计划目标 50 万元，结果 3 天共完成了近 200 万元。

最后开始新的尝试——直播带货。这个模式之前没有试过，所以目标是把直播带货的流程跑通，为以后做铺垫。

简化的整体推广节奏可以分 3 大步骤：

（1）售前预热：朋友圈预热、社群预热、线下门店预热。

（2）售中促单：社群团购促单、朋友圈促单、1 对 1 促单。

（3）售后跟进：用户完成交易后，一定要跟进服务，及时提供有价值的信息。

## （八）活动复盘

整个活动结束后，复盘一定是必不可少的。虽然完成了近 200 万元的历史新高，但对石家庄国际大厦来说这是一个全新的开始，一个新的起点。

复盘具体要做什么？

（1）这次活动哪些地方做得好？

（2）这次活动哪些地方可以优化？

（3）心得体会以及经验分享。

我们一定要清楚，营收只是一个结果，不是原因。要追溯原因的话，一定有各种各样的复杂因素。简单说有 3 点：

（1）离不开从 4 月开始的私域流量战略布局这个决定。

（2）“双 11”成为全民购物节，客户已经被市场全面教育：这几天总要买点东西。

（3）石家庄国际大厦沉淀了 32 年，在产品和服务端持续打磨研发，追求品质第一。

## （九）回归初心

石家庄国际大厦通过半年的沉淀，终于在“双 11”收获了巨大回报，也因此奠定了私域基础。作为酒店，回归到服务和打造好产品的初心，这才是酒店最有价值的地方。

产品是正，营销是奇。客户只会为产品买单，不会为营销买单。

为此，在 2020 年 11 月中下旬，石家庄国际大厦开始调整私域流量运营的方向，开始下一阶段更加精细化的运营，着手实现线上更优质的服务，以此来触达客户。

## 商业案例
commercial case

### 微伴助手，以“十倍速”提升私域运营效率

酒店在搭建以及运营私域流量时，会碰到几个需求痛点：

（1）人工成本：随着用户越来越多，人工运营的成本会上升；

（2）封号问题：在微信个人号上使用第3方工具，有被封号的可能性；

（3）客户数据：用户的大数据无法沉淀和管理；

（4）员工使用：门店员工操作的情况无法追踪；

（5）效率问题：纯人工的服务和营销端的运营效率低。

以上问题如何解决？有一款功能齐全，而且又是免费的工具——微伴助手，它很好地解决了私域体系搭建中每个环节的问题。比如它有批量添加好友、渠道活码引流、快捷回复、客户数据管理、员工账号管理、社群运营等功能。微伴助手是少有的服务过各类知名企业的第三方工具，旗下合作客户有蓝月亮、UR快时尚、宝洁、维达、知乎等。

在佛山有个酒店品牌叫“CityFront”，目前在营酒店数量5家，该酒店从2020年开始运营私域流量，现在每个月能加入5000个左右用户，年复购率达到了30%。该品牌酒店就是通过微伴助手实现了更加精细化的运营和管理，目前已经囤积了6万左右的用户在企业微信。

## 商业案例

commercial case

### 向蜜鸟，数字化营销技术与运营服务商

成立于2015年的向蜜鸟科技一直专注于酒店及目的地旅游生活企业的数字化营销领域，通过数字化为酒旅行业赋能，为企业打造良性的、可持续增长的数字化营销渠道，为数千家酒店在直销、连接、数据、营销、运营五大数字化方面赋能。

2020年后疫情时代以来，向蜜鸟科技在多元化渠道管理与私域流量运营上持续发力，打通了微信小程序、视频号、小红书、抖音等交易通路。

迄今，向蜜鸟科技的客户包含国内外知名酒店及品牌，如亚特兰蒂斯、嘉佩乐、瑞吉、华尔道夫、柏悦、丽思卡尔顿、JW万豪、艾美、喜来登、希尔顿、洲际、悦榕庄等。

2021年2月，三亚·亚特兰蒂斯视频号直播首秀，观看人数达2.4W+，GMV（网站成交金额）达100W+，其视频号主页提前嵌入小程序链接，实现私域流量一键转发功能，达成交易闭环。

2021年6月，昆明的金方森林温泉酒店在“年中大促活动”中借力突出重围，其99元温泉单品，通过全员营销，在复杂变化的年中市场下实现“降本增效”，36小时内GMV达600W+。

扫描以下二维码，领取“酒旅企业如何做私域流量运营”的一站式解决方案。

# 行业推荐语

随着私域流量在存量时代的重要性不断突显，饭店运营者不仅要学会基础的客户引流法，更需掌握用户的精细化管理与运营，从而突破数字化营销难点，实现交易闭环。此书从多方面帮助运营者掌控、运营私域流量，值得推荐。

——中国旅游饭店业协会副会长、浙江省饭店业协会会长、君澜酒店集团总裁　王建平

过去酒店在营销上只能聚焦在“货”的维度，具体体现在4P营销组合方面，随着互联网、社交平台发展，酒店从真正意义上连接到了用户，在营销上多了一个“人”的维度，具体又分为公域和私域，公域用户权和运营权在平台，私域用户权和运营权在酒店，如何运营好私域流量对酒店是个不小的挑战，这本书也许可以让你在实操层面获得帮助。

——直客通联合创始人　韩义

当今时代，酒店在传统渠道上的获客成本居高不下。而私域流量的出现，为整个行业带来了新一波的红利。井凉老师的《酒店私域流量手册》，内容翔实，实操案例丰富，简单易懂，值得所有酒店从业者学习参考。

——Feekr旅行创始人　李洋

在酒店行业里，对内管理降本增效，对外提高客户忠诚度，是企业的永恒命题。2020年，石家庄国际大厦聘请井凉作为指导顾问，在私域流

量的构建、运营及营销上进行了系统梳理。私域流量不仅成为石家庄国际大厦的一种销售渠道，同时也成为其商机洞察和产品研发的重要基础。这本书是拆解“私域营销”的重要资产。

——石家庄国际大厦总经理　范林生

由于互联网时代客户消费习惯的改变和“公域流量”越来越高昂的获客成本，“私域流量”正日益受到企业的关注。《酒店私域流量手册》一书文字朴实、案例丰富，为酒店人开启了一个新的流量运营视角，非常值得从业者一读！

——国家级星评员、上海杉达学院管理学院院长　朱承强